結婚と家族のこれから

共働き社会の限界

筒井淳也

JN178764

光文社新書

はじめに

大きな書店にいくと、家族について書かれた本が目立つところに並んでいます。家族を重荷だと主張している本、家族こそが生きる価値だと主張している本、いろいろあります。しかし困ったことに、家族についてバランスのとれた、広い視野から理解しようという本はそれほど目立ちません。売れている本は、いずれも現代社会に生きる人々が最初から持っている、家族についての多少偏《かたよ》った見方――否定的なものもあれば肯定的なものもあります――を補強するようなものです。これだと、結婚や家族についての理解が深まるというよりは、最初から持っている考えが強くなるだけです。

本書は、結婚や家族についての学術的な見方をまとめあげたものであり、何かしら現在の家族に対して否定的、あるいは肯定的な評価を下すものではありません。いってみれば、本書は結婚や家族についての「教養本」です。ですので、なかにはタフな内容も含まれています。しかし家族についての学術的な知は、単に自分自身の考えを支持してくれる本を読むことで得られる心地良さはなくても、きっと深いレベルに私たちをつれていってくれます。

もちろん、本書で紹介した結婚や家族についての歴史学や社会学の知見は、膨大な蓄積のなかのほんの一部でしかありません。しかし、私の限られた能力の範囲内で、できるだけ重要なものをピックアップして、可能な限り一貫した視点のもとでまとめたつもりです。読者の方々の結婚や家族についての理解が少しでも深まるのであれば、これに優《まさ》る喜びはありません。

結婚と家族のこれから——目次

第四章　「男女平等家族」がもたらすもの

第一章

家族はどこからきたか

第一節　家族についての話題三つ

日本の伝統的な家族とは?

「男女がともに相手を好きになり、合意の上で親密な仲になる。関係がうまくいかなければ、別れる。好きな相手ができたら、女性でも積極的に男性に求愛する」

このような関係のあり方は、いかにも現代的な恋愛や結婚のあり方です。

「男女ともに財産の所有権を持つ」

これもいまでは当たり前のことでしょう。

いきなりこのようなことを書いたのには、わけがあります。実は、これらは日本の古代社会の男女関係のあり方なのです。なんとも不思議に感じた読者の方も多いのではないでしょうか。日本の伝統的な男女関係といえば、家族のなかで家長である男性（父）が権力を持っていて、財産の処分権も家長にあり、子どもが誰といつ結婚するかも家長が決めるという、いわゆる家父長制家族だったはずです。さらに、結婚すれば妻は夫方の家に入り、夫の両親と「三世代同居」する、いわゆる父系の直系家族こそが日本の伝統的な家族だったのではないでしょうか。

結論からいえば、家父長制的な家族、父系の直系家族は、日本では10世紀くらいから徐々に浸透していった制度なのです。それ以前は、さきほど述べたような結婚や家族（のようなもの）のあり方が、貴族か庶民かをとわず一般的であったと考えられています。

次の話題提起です。

「男性は外で働き、女性は家庭で家事や育児をする」

これも、しばしば伝統的家族の特徴として考えられていて、いまとなっては古臭いと感じる結婚生活のあり方でしょう。いまや、共働き夫婦は当たり前です。このような古風な夫婦生活のあり方は、昔の映画のなかにしかないのでは、と考えたくなります。

しかし、社会学者の間で「性別分業」といわれているこの夫婦のあり方は、極めて「モダン」なものなのです。つまり、私たちの社会が近代化するまであまり見られなかったものだ、ということです。

最後にもうひとつネタ振りをします。

「昔はよくお見合い結婚があったけど、いまはすっかり恋愛結婚が一般的になった」

これもよく聞く話です。親同士が結婚を決めるなんて、現代では多くの人が「勘弁」と考えているかもしれません。

しかし、いまでも僅《わず》かながらお見合い結婚をする人はいますが、お見合い結婚では当事者たちは「恋愛」していないのでしょうか。そんなことはないですね。だからこそ、お見合いの席で「あとは若いお二人で……」となるわけです。つまり、お見合い結婚はある意味で恋愛結婚でもあるのです。

以上のようなネタ振りをしばらく続けてもよいのですが、とりあえずここで止めて、これらの話題にからめて、家族の仕組みを解き明かしていくことにしましょう。

第二節　母・子と、それを守る存在

男女関係が自由な古代社会

まずは古代と現代の類似性についてです。

少し乱暴に単純化していうと、日本における家族や結婚のかたちは、古代の男女平等に近いかたちから、中世と近世（江戸時代）と近代（第二次世界大戦の終戦まで）の非常に長い男性優位の時代を経て、再び男女平等に近づいている、ということができます。歴史学的に丁寧に説明するのは他の文献に任せることにして、ここでは個人が周囲と持つ人間関係から理解することで、以上の流れを説明してみましょう。

説明の出発点は、「食べていくこと」です。人間、食べていくこと、つまり経済的な生活基盤がなければ生きていくことができません。逆にいえば、生活基盤が確保されていれば、あとのことは比較的自由に決められるのです。それは家族や結婚についても同様です。家族や結婚のかたちは、人々の経済的な生活基盤に応じてある程度決まります。

日本の古代社会の生活基盤は、少なくとも庶民にとっては村落共同体でした。個々人は、数十人規模の集落のなかに埋め込まれていました。この集落が、男性にとっても女性にとっても生活基盤です。集落を離れると、生きていくことはほぼ不可能だったでしょう。

農耕を行う集落にとって重要なのは、みんなが協力しあって農作物を収穫することです。そこでは、子どもは貴重な労働力です。そして、子どもをもうけるためには、男女が関係を持つことが必要です。しかし、生まれてくる子どもが誰の子どもなのかについては、もちろん気になるところではあったと思われますが、とことん追求する必要がありませんでした。子どもの母が誰であるかは自明なのでそもそも問題になりませんが、父が誰であるかも、さらには父・子関係自体も、それほど重視されていませんでした。子どもが共同体のなかで健やかに育ち、将来の労働力になってくれればよいのであって、血統を守ることに重大な関心が注がれることはなかったのです。

「血統を守る」必要がないのならば、恋愛や結婚における男女関係は多少「緩く」なります。実際古代社会では、男女が互いを好きになること、性行為をすること、結婚することは現代の人が驚くほど単純につながっていました。好きになったら体の関係を持ち、そのまま結婚し、子どもを持つ。そして、気づいたら別れていることも多くありました。男性も女性も同時に複数の相手と親しい仲になることがあって、「誰かと付き合っているときは他の人と付き合ってはならない」という強い規範はありませんでした。これを「対偶婚《たいぐうこん》」といいます。「妻問婚《つまどいこん》」といわれる日本古代の結婚生活の方式も、このつながりで理解できます。妻問婚とは、昼間は自分の家にいる配偶者の男性が、夜に妻の住居を訪ねるという方式の結婚生活です。古代社会では、夫婦は妻問婚を経て、妻方の親との同居や独立居住に移行したと考えられています。とはいえ、平安中期くらいには力を持っていたのはしばしば妻方の父であり、その意味での家父長制的な規範はすでにあったようです。

古代日本社会と北欧社会の類似性

肝心なことは、このような結婚とそれをとりまく人間関係のあり方は、それもこれも、女性の生活基盤が確保されていればこそ可能になったものだ、ということです。日本の古代社会では、庶民は村落共同体、支配層では親族からなる絆《きずな》のなかに女性がしっかりと埋め込まれていて、配偶者である男性に、つまり「家族」に依存する必要がそれほどなかったのです。平安期の貴族層の女性には独身を通す人も少なくなかったのですが、それが可能だったのは、親から受け継いだ資産を所有していたからです。

こういった男女が比較的平等に関係を持つような社会は、まだ「家」が成立しておらず、男女問わず個々人が共同体に守られているような社会でした。

これは、現代でいえば北欧社会を想起させます。スウェーデンに代表される北欧社会で、女性の生活を保障するのは村落共同体や親族ネットワークではなく、国家です。国が男女問わず生活を保障する仕組みを提供してくれていますので、女性は結婚することや子どもを持つことについて、比較的自由に振る舞うことができます。

北欧では、結婚にこだわらず、事実婚（同棲）のまま子どもをもうけるカップルが多く見られます。結婚に比べて同棲は、はっきりとした儀式や公式の登録がなく、関係を始めるのも「なんとなく」です。関係を解消するときにも、結婚ほどは面倒がありません。比較的経済的に豊かな層の人々にこれほど同棲が普及した背景には、夫婦関係が解消しても女性や子どもの生活に深刻な影響がないという社会の仕組みが影響しています。

もちろん、古代の日本と現代の北欧をパラレルに考えるのはさすがに飛躍しすぎでしょう。北欧社会に限らず、現代の先進国は基本的に「単婚」社会です。単婚とは、いわゆる一夫一婦制のことです。単婚の対義語は、複婚です。複婚とは、一夫多妻制や一妻多夫制を指します。日本の古代社会の対偶婚は複婚に近く、結婚している男性が他の女性と関係を持つこと、また、結婚している女性が他の男性と関係を持つことが厳しく禁止されることはありませんでした。

さきほど述べたとおり、古代の日本では、男性のみならず女性の生活基盤が結婚した夫婦が生産するもの以外にあったため、「子どもが生まれること」という目的が達せられることが重要で、家族・結婚の規範は比較的緩く、したがって「家」も未成立だったのです。国家が生活を保障してくれる福祉国家ではしかし、基本的に単婚が維持されています。このことについては、最後の章でもまた触れることになります。

夫婦の絆が弱い社会

いずれにしろ、地域共同体でも国家でも、個人を支えるより広い仕組みがあれば、個人、特に女性は自由に他者と関係を持ち、子どもを作ることができるというのは、ある程度理解できることでしょう。しかし、「家」の成立から近代初期まで続く「家族」は、個人をそれを通じて保護するというよりは、どちらかといえば女性を男性に従属させ、子どもを作るという営みをそこに縛り付けるための仕組みに近かったようです。そしてその代わりに、男性は家族を守る責任を負うことになります。

しかし、家族を超えるより広いサポート体制があれば、子育ての場所に男性が（常に）いる必要は小さくなります。男性からしても、そのほうが家族を経済的に養うという責任を一人で背負うことがなくなります。この場合、家族、少なくとも男女がペアになったような家族――これを最近の家族社会学では「ジェンダー家族」といいます――は、不要になるのです。

まあ、こういった考え方は少し極端に聞こえるかもしれません。しかし、実はそう極端なものでもありません。男女がペアになって家族を運営するジェンダー家族では、夫が仕事、妻が家事を担当するにせよ、どちらも均等に分担するにせよ、頼るのは配偶者――妻であれば夫、夫であれば妻――です。しかし、日本の古代の結婚では、妻がその周囲の夫以外の人間と深くつながっていたために、夫との関係を現在の夫婦ほど重視しなかった、ということです。そしてこのような傾向は実際、近代社会でも観察されているのです。

カナダの社会学者、エリザベス・ボットは、当時（１９５０年代）のロンドン東地区に住む労働者階級の家族について興味深い観察をしています。[*1] それは、個人が周囲（親族や友人）と緊密なネットワークに埋め込まれていて、そこで通じているローカルな規範を身に付け、また必要に応じてそのネットワークにいる人たちから支援を受けている場合、その個人は結婚生活、つまり配偶者との関係を重視しなくなる傾向があったのです。少し長いですが、ボットの論文から引用してみましょう。

一方の極には、できるだけ多くの仕事を、夫婦のそれぞれが別々に、相手に頼らずに行おうとする家族があった。家庭の中には厳密な分業体制があって、妻は妻のやるべきことをし、夫は夫のやるべきことをしていた。夫は決まった額の生活費を妻に渡しており、妻は夫の収入がいくらであるのか、夫が残りのお金をどのように使っているのか、ほとんど知らなかった。休日には、夫は友人とサッカー観戦に出かけ、妻は親類の家を訪れたり、近所の人と映画を見に行ったりしていた。このような夫妻は、親類の冠婚葬祭を例外とすれば、余暇の時間を一緒に過ごすことはほとんどない。彼らはこの点、自分たちが何ら特異であるとは思っていない。むしろ、自分たちの交際圏内では、自らの行動はごくふつうであると感じていた。この対極には、夫と妻ができるだけ多くの活動を共有し、できるだけ多くの時間を一緒に過ごしていた家族があった。彼らは、夫と妻は平等であるべきだという点を強調していた。大事なことは何でも夫婦で決定すべきであり、家庭内のこまごましたことでさえもお互いに助け合うべきだというのだ。[*2]

結婚は「人生の一大事」ではない？

考えてみてください。ある女性は、結婚しても相変わらず幼いころからの友達や母親を始めとする生まれの家族や親類（そのなかには夫以外の男性もいるでしょう）に囲まれ、母親、親類、友達といつもおしゃべりし、一緒に行動することで満足を得ています。子どもが生ま

＊1　Bott（1971）参照。
＊2　Bott（1955）、訳文は野沢（編・監訳）（2006：36頁）より引用。

れれば、夫からではなく、母親を始めとした周囲の人間から子育てのサポートを受け、また、いざというときに彼らの経済的援助を受けることもできるでしょう。いってみれば、結婚前も結婚後も、周囲のローカルなネットワークにどっぷりとつかっている点で変わりがないのです。そうすると、彼女は夫とことさらに親密になる必要もないですし、夫の経済力に完全に依存することもありません。そもそも夫はそれほど稼ぐ男ではないかもしれません。また、稼ぐ男としか結婚できない、ということもありません。

そしてもしかすると、この女性は結婚が「人生を左右する一大事」だとは考えないかもしれません。懇意になった男性と思いのほか気軽に関係を持ち、結婚して子どもを持つのです。場合によっては別れてしまうかもしれませんが、彼女はあまり凹《へこ》まないような気がします。離婚しても、夫より緊密につながっている人たちが周りにいるからです。そして夫は夫で、妻が周囲の女性と形作るネットワークとは別のところに社会関係を構築しているのです。

子どもを生み、育てる女性が頼るもの

性別ごとに作られた互助的な絆は、前近代社会においては一般によく見られたものだと考えられています。[*3] 家族社会学者の落合恵美子の言葉では、「家族や婚姻は今日のような明確

な単位を作らず村落内の性別文化の中に溶融していた」[*4]わけです。これが近代化のプロセスにおいて、徐々に「夫婦」の絆にとって変わられていきます。

ところがボットによれば、夫婦の絆を重視しない結婚生活のかたちは近代化以降の労働者階級にも見られました。もちろん、ボットが観察したような当時の労働者階級の人たちの暮らしはまだまだ苦しいもので、とても「豊か」な生活であるとはいえないでしょう。ただ、家族以外のネットワークへの「埋め込まれ」が家族依存を軽減する、という事実をボットは近代産業社会に見出《みいだ》しました。こういう場合、日本古代の妻問婚における男女関係と同じく、夫と妻は一緒に行動することがそれほどありませんし、人間関係も別々で、夫の友人と妻の友人が重なることがありません。

「父・母・子」というまとまり（＝家族）ではなく、「母・子と、それをとりまく社会からのサポート」というあり方は、ボットが描いたものとはかなり異なるでしょうが、現代の一部のフェミニズムが提起している制度でもあります。[*5]こういった立場からすれば、「産む性」

＊3　Segalen（1980＝1983）参照。
＊4　落合（１９８４：89頁）より引用。

としての女性が抱えている様々な問題は、もはや家族、特にジェンダー家族によって解決される必要がない、ということになります。子どもを生み、育てる女性が頼るのは、特定の男性、つまり夫ではなく、社会全体でもよい、という主張です。

さて、ずいぶん先走りました。こういった議論についてはまたあとで振り返ることにして、次節では現代の家族の原型となった「家」が日本で成立する様子を追っていきましょう。

第三節　「家」の成立

「家制度」の登場

古代社会の自由で平等な結婚と人間関係のかたちはしかし、徐々に男性中心のものに再編成されていきます。先に変化が生じたのは支配層（貴族や武家）で、そのあと徐々に男性中心の結婚と家族のあり方が庶民層に浸透してゆきます。

「家の成立」とは、より広い環境（村落共同体や親族集団）に「母・子」が深く埋め込まれ

＊5　キテイほか（2011）参照。

ていた状態から、徐々に「父・母・子」というまとまり（家族）が独立していくプロセスです。こうした変化は、ほぼ例外なく男性優位の社会体制と家族体制、つまり「家父長制」をともないます。

この変化のきっかけとなった事柄はいくつか考えることができます。日本では、律令制の施行の影響があったと考えられています。歴史の授業で「大宝律令」という言葉を聞いたことがあると思います。そう、あの律令です。日本では、この大宝律令を中心に8世紀ころから体系化された社会制度が、律令制度と呼ばれています。日本の律令は、当時の中国の律令を模範に作られたもので、家長（親かつ男性）が女性や子どもを管理するという思想がここから広がっていきます。家長が他の家族員を統括し、田畑等を管理し（建前上の所有権は天皇）、税を納めます。家長のさらに頂点に立つのが天皇です。

「すべての土地も民も天皇に属する」という律令制が、早くも8世紀中に農民の口分田からの逃亡と藤原氏の荘園戦略によって骨抜きにされてしまったのは教科書でもおなじみですが、庶民レベルでどのような影響があったのかは、実はよくわかっていません。律令の法律上の管理体系が実際の家族構造を規定することはなかった、という考え方もあります（「郷戸擬制」説）。実際、この時期には家長の権力は支配層でも庶民層でもそれほど浸透していなかったようです。実際の家族や結婚も、さきほど説明してきたような男女平等的なあり方が目立っていたようです。

ところが、古代末期から中世にかけて、様子が違ってきます。そこでは、私たちが「伝統的家族」として理解している家族や結婚、すなわち「家制度」が登場してくるのです。そこで力を持っているのは、家長です。家長には、基本的に男性しかなれません。家長が「家」の社長となり、妻や子どもの処遇を決めます。息子の結婚相手として誰を家に迎えるのか、娘の結婚相手としてどの家を選ぶのか、家長が決める力を持っています。家の財産である「家督《かとく》」も、家長から家長に譲り渡されます。このような家父長制のもとでは、女性は多くの場合、財産の所有権を失います。

その人物の「血」が必要になる

この転換の背景には何があったのでしょうか。

さきほど述べたことを思い出しましょう。人間の行動パターンは、「食べていくこと」からある程度説明できる、と言いましたね。先に確認しておくと、このような家父長制的な家族のあり方が典型的に見られたのは、武士階層においてでした。ということは、武士が「食べていく」やり方と、家父長制的な家族のあり方はなんらかのかたちでつながっていることが想像できます。

では、武士はどうやって「食べていく」のでしょうか。武士の本業は暴力行使（戦）ですから、なかには村人から略奪した食料で食いつないだ輩《やから》もいたでしょう。しかし農民は食料を生産する大事な労働力なのですから、こういったやり方は例外的でした。ヨーロッパ中世で北海沿岸を略奪しつくしたといわれる北欧のヴァイキングさえ、故郷では農耕や漁業を営んでいたくらいです。

日本のお侍さんが持続的に「食べていく」やり方には、主に二つのパターンがありました。戦国時代のように、戦争で手柄を立てて主君から土地をもらって、そこで農民を使って食料生産を管理する、というのがひとつのやり方です。自分の武力で直接土地を奪い取るのではなくて、ボスの戦争に加担してボスの領土を広げ、そのなかからボスが手柄に応じて土地を与えるのですね。土地というのは、封建社会の経済の基本です。封建社会では、お金（貨幣）ではなく土地こそが財産なのです。武家の主君は、家臣に与える土地を手に入れるために戦争しているのです。

ともかく、武士にとっては戦で功をなす力が重要です。農作業は男女が共同で行うことができますが、戦は基本的に男の世界です。もちろん、農村でも緩やかな男女の仕事の区分けはありました。田畑を耕すのは力仕事ですから、男性の仕事です。しかしそのあとで種をまくのは、女性でもできます。服を作るのも基本的に女性の重要な仕事でした。現在の農家でもそうですが、女性は大切にすべき貴重な労働力でした。

しかし武家の世界では、手柄を立てて「家」を確立させた人物の力こそが、尊重すべき対象です。家族は、単に農作業の労働力となる子どもを必要としているのではなく、その人物の血を引いた子どもが必要だ、ということになります。手柄を上げた父の血を引いた子どもが同じく優秀かどうかはわかりませんが、少なくともそのように考えられていた、ということです。こうして江戸幕府では「徳川」の血を受け継ぐ者が支配者になるのです。

姦通《かんつう》が厳しく罰せられる社会に

そうすると、子どもは間違いなく「父の子」であること、そもそも父の血を引いた子どもが少なくとも一人は存在することが重要になります。ここから、単婚、あるいは一夫多妻が帰結します。古代日本社会のような対偶婚だと、女性は配偶者の男性と関係を持ちながら、他の男性と関係を持つことが厳しく規制されることはありませんでした。ところが、武家社会ではそうはいきません。女性が自分以外の男性と関係を持つ余地を作ってしまうと、生まれてくる子どもが誰の子どもなのかがはっきりしなくなってしまうからです。

さらに、男性の財力が許せば、一夫多妻も可能です。一夫多妻は、夫となる男性の血を残す確率を格段に高める制度です。しかし妻や妾《めかけ》となる女性は、そもそも他の男性と肉体関係を持つこと、姦通（いまふうにいえば「不倫」）が厳しく禁じられることになります。日本でも、姦通を罰する法の登場は、家族（「家」）の成立と同時期のことでした。

姦通罪は現在の日本では存在しません。しかし明治刑法下にはありました。しかも、結婚している女性とその不倫（密通）の相手に適用されるもので、結婚している男性の不倫には適用されませんでした。ここに、姦通罪の目的が「不義を罰する」というよりも、「子の父は誰か」をはっきりさせるためのものであったことがよく現れています。だから、男性が不倫する分には（むしろ血を残すことにつながるので）問題ないのですが、女性が不倫すると大問題になるわけです。

日本では、新憲法を反映した１９４７年の刑法改正によって姦通罪が廃止されました。姦通罪を夫と妻の両方に適用するという対応方法も議論されたのですが、結局は夫婦ともに廃止ということになったのです。他方、お隣りの韓国では姦通罪は夫と妻の両者に適用されていましたが、ようやく2015年に廃止されました。台湾ではまだ残っています。が、姦通罪で告発されるのはたいてい夫のいる女性のようです。このように、夫が他の女性と関係を持つことよりも、妻が他の男性と関係を持つことのほうが問題だとされる傾向は、台湾に残る家父長制的意識の現れでしょう。

ついつい話が現代にまでいってしまったので、戻しましょう。

武士の本業は戦争ですが、いつも戦争ばかりしていたわけではありません。特に江戸時代は、250年近く大規模な戦争がない時代でした。そこでは、武士は軍隊（武力組織）というよりは、官僚・役人でした。したがって、武士が「食べていくこと」において、官職に就くことが重要になってきます。「老中」「目付」「奉行」といった幕府や藩の役職ですね。この役職は、基本的に武士個人ではなく「家」が引き受けるものですから、血統が途絶えると問題です。さらに、お給料（俸禄）は役職に応じた職禄と、家柄（先祖の手柄）に応じた家禄からなりますから、やはり血統でつながった家の存続は「食べていく」上で重要な課題となります。

このような「男性官職の世襲と家父長制の結託」という政治原理は、すでに平安時代の貴族層で見られ始めたもののようです。[*6] また、歴史学者の服藤早苗によれば、「九世紀以降に私的所有の展開に対応して、男性が政治的労働をより大きく分担するようになると、その地位を確実に自分の子どもに継がせるための方策が練られるようになり、『律令』の官人昇進規定を改変し、政治的地位を男子に継承させるようにし、また妻には多夫を禁止するようになる」。[*7]——つまり、もともとの律令制には官職を「家」に結びつける強い規定はなかったのに、その結びつきが徐々に強くなっていったというわけです。このような「経済生産の現場」を離れたところでの男性的な政治支配が確立すると、家族もそれに応じて家父長制・男性支配的になり、女性には間違いなく夫の子どもを作ることが要請され、姦通が厳しく罰せられるようになります。

農家と商家はどうだったか?

支配層である貴族、あるいは武士の世界でこのような男性支配が見られたことは理解できたと思います。しかし、それ以外の階層ではどうだったのでしょうか。

＊6　久留島（2002：208頁）参照。
＊7　服藤（1991：46頁）より引用。

あまり詳しくは説明しませんが、庶民（農民）層では、たしかに平安時代末期ころには「家」と呼びうるまとまりが成立しつつあったようです。しかし、家父長制は武家層ほどは強く浸透せず、「家」が父から息子に継承される、ということもこの段階ではなかったという見方もあります。何しろ農業生産の論理と家父長制はそれほど相性が良いものではなく、そのせいか、庶民層での「家」の成立時期についてははっきりした知見がありません。歴史学者によって意見が分かれているのが現状のようです。

いずれにしろ、「血統」を存続することが農業の生産力に直結するわけではないので、支配層に比べて庶民層の男女の性的関係や結婚には、「夜《よ》這《ば》い」の慣習に見られるような多少の緩さはあったのではないか、と考えられます。ただ、支配層による上からの管理によって強い介入を受け、農家でも土地が男性家長にひも付けされていれば、家父長制、場合によっては血統による継承原則が農村にも浸透していくことが考えられます。

前近代のヨーロッパ（中欧、西欧）の農家でも、家長が家族メンバーを統率していたのには間違いありませんが、それは領主が家長を通じて農地を管理していたことに関係しています。他方で、しばしば寡婦の再婚によって家共同体を存続する慣習があったことからわかるように、農家では必ずしも父系による家の存続がなされていたわけではありませんでした。[*8]

また、商家でも武家とは事情は異なりました。特に江戸時代の商家は、武家と違って官職で食べていくわけではなく、ある程度は経営の実力で食べていく世界に置かれています。ですので、家＝会社の跡継ぎは必ずしも家長の実子になるわけではなく、むしろ社員（奉公人）のなかから有能な者を娘の婿とすることで、後継者としたのです。商家では、血のつながった息子を跡継ぎとすることをむしろ避けていたくらいです。現在でも、能力があまりないのに「血がつながっているから」という理由で息子に経営を引き継がせてしまったばかりに、会社が傾いてしまった、ということはありえますね。何しろ、子どもにとって親が選べないのと同じく、親にとっても息子（実子）は選べません。しかし婿なら選べます。

逆に、現在でも血統が重視されることはよくあります。創業者が偉大で、崇《あが》められているような会社だとその子孫が力を持つかもしれません。会社や医院の名前に創業者の姓が使われている場合も、そうなりやすいでしょう。

ここまで説明してきて、ひとつ押さえておきたいポイントがあります。思い出しましょう。姦通において夫婦のうち女性のみ罰せられること、だいたい何についても男性が決定権を持

＊8　Mitterauer & Sieder（1977 = 1993：訳60頁）参照。

っていること、こういった男性支配的で女性抑圧的な結婚や家族は、もとはといえば血統を重視する必要性から引き出されてきたものでした。そして、血統を重視する理由として、たとえば武家の「先祖の手柄」や「官職と家の結びつき」があった、ということです。

しかし、これらは経済学的には不自然な状態であると考えることができると思います。古代社会でも封建社会でも、人間が豊かになるための生産力の基盤は農業でした。農業は、それ自体からは血統を重視する態度に帰結しません。むしろみんなが力を合わせて作業をすることが大事です。

「家の成立」と「権力」

血統を重視する理由がないという点は、農業に代わって私たち現代人の豊かさの源になった商業、工業、そしてサービス生産についても同じです。江戸の商家で重視されたような個々の才覚や、農家で重視された共同作業の円滑な遂行が重要になってきます。「この人は誰の子どもか」ということは、それ自体ではなんの価値も持ちえません。

要するに基本的な経済原理からは、なかなか血統重視、そしてそれと強く関連する男性支配、家父長制といった家族の特徴は説明できないのです。そのせいもあってか、基本的には私たちの住む社会は、徐々に血統を重視しない結婚や家族のあり方に変わって――あるいは「戻って」――きたのです。家父長制はその意味では、社会全体の支配階層の男性、あるいは家族のなかでの男性が、生産力の伸びを抑えこんででも、自らの既得権を維持するために無理にねじ込んだ不自然な仕組みだと私は考えています。

一般的な傾向として、少なくとも前近代においては社会階層が上になるほど家父長制が厳しくなります。結婚が男女対等に近かったと考えられている古代社会でも、中央の政《まつりごと》や大領地の経営で生計を立てている一族については、男性優位の結婚、たとえば夫方居住が行われていたようです。[*9] 生産力の論理を離れ、政治原理が幅を利かす階層ほど、女性が抑圧されている、ということかもしれません。

すでに述べたように、日本の古代から中世にかけて庶民層にまで「家」における男性支配が浸透していくのですが、この変化に際しては、多かれ少なかれ「上から」の政治的押し付けが影響していきます。歴史学者の久留島典子が指摘するように、「家業の多くは、職能そのものの性格というよりは、権力的に編成されるものであるがゆえに、父系相続を規定され

＊9　関口（2002：36頁）参照。

た」のであり、「家の成立と権力は深く関わりあっていた」[*10]わけです。

さて、封建体制が崩れて近代化が進むと、かつてのような男女がともに働き、自由に結合するような社会がすぐにやってきたかというと、そんなことはありません。ひとつは、日本のような後発国に特有の権威主義的な政治体制がありました。もうひとつは、政治を離れても経済的にも難しい課題がありました。農業や商家における仕事と、私たちの住む社会での仕事のあり方には大きな違いがあります。それは、かつては家族のいる家が会社であり、仕事場でもあったのに対して、現在ではほとんどの働く人が家とは別の会社に勤めている、ということです。

またまた少し先走りましたので、次節ではもう少し時代を戻って家族の変遷を追っていくことにしましょう。

＊10　久留島（2002：209頁）より引用。

第四節　「家」からの離脱

明治時代――「家長」に絶大な権限が与えられる

江戸時代の、特に武家の結婚や家族のあり方から、現在の私たちが知っている結婚や家族のあり方に至るまでは、いくつかの段階がありました。最初の段階は、明治時代から第二次世界大戦終戦までです。

明治時代といえば、家父長制が支配層のみならず庶民にまで浸透していった時代です。「家父長制」というと、現代の人たちからすれば非公式の慣習のようにも聞こえます。「なんとなくオヤジが決定権を持っていてえらそうな家族」といったイメージを持つ人もいるかもしれません。

しかし、明治政府が浸透させようとした家父長制は、実態をともなった厳しいものでした。家の統率者である家長の権限が強く、現在の私たちから見るとちょっと我慢できないほどです。そして、家長の権限を定めていたのが、明治民法です。

明治政府が最初に公布した民法は、フランス人法学者、ボアソナードが起草したこともあり、ある程度個人主義的で民主的なものでした。しかし、その後多くの法学者が参加した「民法典論争」と呼ばれる大掛かりな論争が生じ、結果的には「家制度」を基軸とした家父長制的な色合いが濃い明治民法が施行された、と考えられています。実際には、民法の特に家族法については当初から家父長制的な特徴が反映されていたようですが、ともかく明治期に浸透する「家制度」の根底には明治民法があった、ということは覚えておきましょう。

明治民法が規定した家父長制は、以下のような特徴を持っています。まず、いろいろな権限が家長に与えられます。家長は基本的に「父」です。父が不在の場合、まれに女性が家長になることもありますが、あくまで例外です。家の財産は「家督」と呼ばれ、家長から一人の嫡子に受け継がれます。嫡子は、正妻から生まれた長男です。単独相続で、残りの家族員は基本的に家督を相続できませんでした。妻が夫方の姓を名乗ることが統一的に実施されたのも、明治期です。

さらに、家族のメンバーの行動についても家長が決定権を広く持っていました。これを「戸主権」といいます。たとえば子どもの結婚は、家長の同意なくしてはできません。家族がどこに住むのかも、家長の命令の範囲内で行われます（「居住指定権」）。違反に対する罰則はないのですが、家長の指示に従わない場合、家長は扶養義務を免除されます。「言うこと聞かないなら面倒見ないよ」というわけです。家族の成員が誰かを決めるのも、家長の権限でした。「家族が誰か」というのは、私たちからすればよくわからない問題かもしれません。これは、主に婚外子についての規定に関係します。

正妻から男子が生まれなかった場合、女子に家督が継がれることはなく、男性の養子か、あるいは「(男性)庶子《しょし》」に家督が継がれます。庶子とは、妾の子どものうち、認知された者のことです。ともかく、家長である男性の血を継いだ男性に、家の財産と決定権が受け継がれる仕組みでした。

大切なのは「父親の血を残すこと」

さきほども触れましたが、血統を重視する社会では、一夫多妻を許容することが多くなります。というのは、父親の血を残すことが優先されるからです。明治時代は基本的には単婚制度が採用されていて、一夫多妻を正式に認めていたわけではないのですが、妾との間に生まれた婚外子を庶子として法的に位置づけていました。認知された婚外子が庶子で、認知されなければ「私生子」と呼ばれました。

20世紀前半を通じて日本の婚外子の割合は減少していきます。その動きを説明するのは、私生子の減少です。他方で、庶子の割合は第二次世界大戦終戦時まであまり減ることがありませんでした。この背景には、父系の血統の存続が重要だという価値観のもとで、男性庶子の身分がそれなりに保証されていたことがあります。

たとえば、さきほど述べたとおり、男性庶子は女性の「嫡出子」よりも相続の順位が高かったのです。これは家制度の家督が、原則、男性に与えられる権限であったからです。また明治民法下では、戸主が庶子を入家させるにあたり、妻の同意を得る必要はありませんでした。妻からすれば断りもなく自分の子どもではない庶子が家に組み入れられ、しかも自分は「嫡母《ちゃくぼ》」として庶子を扶養する義務を負うのですから、たまったものではなかったでしょう。しかし、少なくとも法制度上、妻はそれに従うしかなかったのです。民法親族編のこの規定については、大正期に見直しが検討され、庶子入家の際の妻同意の必要性が一部から主張されましたが、結果的に民法改正は見送られました。

こうしてみると、明治民法のもとでの家制度は、日本の会社とちょっと似ているところがあります。家長（＝社長）が権限を持ち、家族員（＝社員）がどこに住むのか（＝どこで勤務するのか）を決めるのです。そして、家族員（＝社員）に誰を入れるのかについても、権限を持っています。

しかし、戦前の「家」といまの会社では、異なるところもあります。それは、家長の後継についてです。現在の企業のほとんどでは世襲は行われていませんが、「家」では世襲が原則でした。企業が世襲をさせないのには、そこに経済合理性があまりないからです。有能な人が経営者・指導者になるべきであって、有能な人の血を受け継いだ人がそうであるとは限らないからです。

前節で見てきたように、武家での家父長制（血統の継承の仕組み）は、武家が「食べていく」上での仕組みから説明できました。しかし明治期の庶民の家族では、家父長制はこういった生活の上での合理性からは説明できず、自然に根付くようなものではありませんでした。明治政府は、天皇を頂点とした支配体制を強化するという政治的な目的で、家制度を上から押し付けていたのです。天皇は、この家父長制の頂点に立つ存在でした。

この支配体制は、経済や思想が近代化するにつれてほころびを見せ始め、大正期には民法改正の声が強まっていきます。しかし自由を求めるこの声は、戦争という別の政治・経済論理が強くなるなかで、かき消されていくのです。

「家」から解放されるために

ともあれ、いったん家長が強い権限と財産処分権を持ってしまうと、そういった権力は家長あるいは男性の既得権となるため、家制度は存続する力を得ます。いってみれば、男性は政府のバックアップのもとで家族のなかで威張り散らすことができたのです。浮気しても(それほど)咎《とが》められません。自営業でも、男性が家事を手伝うことは少なかったようです。しかし、いくら男でも、結婚相手の選択を家長に決められるといった不自由はありました。また、次男以下は家督相続権がありませんから、こういった支配体制から自由になりたいと考えていたはずです。そして何よりも女性にとっては、「家」に入って夫の両親のいいなりになることはよい経験とはいえません。現代まで続く「嫁いびり」は、このころからしっかりとありました。

この堅苦しい家制度から自由になるためには、個人が「食べていく」手段が、家長が握っている経済力から自立していなければなりません。会社が嫌で嫌で仕方がないならば、自分で会社を立ち上げればよいのと同じです。もちろん会社が嫌なら転職という手もありますが、「家」を変えるのは難しかったので、やはり経済的自立が手っ取り早い手段です。女性は経済的に自立することは難しかったため、あとで触れますが「雇われる」ことで家から自立した男性と結婚することが、「家」からの解放への有力な手段でした。長男は家を継ぎますから、「家」から解放されたい女性にとって魅力的な結婚相手は「次男以下」になるわけです。

とその前に、現代の私たち（の多く）からすれば、「家長が握っている経済力」というのは少しピンとこないかもしれません。しかし当時は、まだまだ「家」が経済の拠点であることが多かったことに留意してください。わかりやすくいえば、いまに比べれば「自営」が格段に多かったのです。自営の家というのは、農業（農家）、商業（商人の家をイメージしてください）、工業（町工場をイメージ）、小売（八百屋さんをイメージ）などがあります。自営という概念は農家を含まないことが多いですが、ここでは自営に含めておきます。ともあれ、家長は家族の長であると同時に、規模の大小はあれ自営業の社長でもあったわけです。

「家」は生産や商売の拠点でしたから、狭い意味での家族以外にも人が出入りし、また同じ場所に住み着いていました。丁稚《でっち》、奉公人などですね。したがって同じ世帯に家族以外の者がいるということは、戦前まではなかば当たり前の風景でした。「核家族だけど大所帯」ということがありえたのです。前近代社会の家族について考える際には、現代の家族ではなく、自営業や会社をイメージしてもらったほうが、まだ理解しやすくなると思います。

工業化と「家の衰退」

いずれにしろ、「家」から離れる一般的な手段は、自分で商売を始めるか、あるいは会社に雇ってもらうかでした。おりしも、明治政府は家族に家父長制を押し付けるのと並行して、経済の近代化も進めていました。経済の近代化の重要な側面は、工業化です。

もちろん、農業と区別される「工業」自体は古くから存在していました。しかし工業は、当初は自宅で簡素な道具を使って行われるものがほとんどでした。典型的には服の製造です。麻や木綿を栽培し、そこから糸を撚《よ》り、糸から布を織ります。そして布を縫い合わせて服を作るのです。さきほども述べましたが、多くの場合、服を作るのは女性の仕事でした。

この小規模な「繊維産業」が最初に近代化したのは、18世紀のイギリスにおいてでした。工場を作り、そこでミュール紡績機が綿花から糸をすごいスピードで大量に生産し、カートライトの力織機がすごい勢いで糸から布を織るのです。人力＋道具では、とてもこの生産スピードに追いつけません。イギリスは、繊維産業の工業化をきっかけにして一気に世界の支配者に上りつめました。その後、工業の中心は重工業、つまり石炭産業や鉄鋼業に移っていきます。

世界遺産に認定されて話題になった群馬県の富岡製糸場は、明治政府が成立してすぐの明治5年（1872年）に政府が建てた官営の模範工場です。富岡製糸場や八幡製鉄所は、明治政府が日本の経済を官主導で近代化したことの象徴です。

こうした工場の働き手のなかには、当初は女性や子どもがたくさんいました。伝統的に繊維産業が女性に担われていたこともあり、自営の家の子女が働き手として雇われていたのです。ただ、前近代社会での奉公や出稼ぎと似たかたちで、基本的には未婚女性が雇用されていました。つまり、女性が繊維工場で稼いだお金で経済的に自立し、その上で好きな男性と結婚して共働き所帯を構える、ということではなかったのです。

このように、明治期の女工は、基本的には家長と工場主のあいだの契約の上での雇用でした。もちろん稼ぎの一部を「お小遣い」としてもらって、それで自分の好きな小物を買ったりすることはあったでしょうが、あくまで稼ぎは「家」に帰属するものでした。

「労働者」の誕生

やがて工業が重工業化し、また、それにともなって商業や金融業も拡大していきます。モノがたくさん作られるようになれば、それを流通させる職業の人が増えますし、工場を始めたいと考えている人にお金を貸したりする職業も多くなる、ということです。

工業や商業が大規模化すれば、それはもはや家族が家で経営するようなものではなくなります。『男はつらいよ』のタコ社長が経営するような小さな町工場も、徐々に大規模な会社が経営する工場に取って代わられます（もっともタコ社長は叩き上げだったようですが）。「大資本」による経営が社会に浸透していき、「会社といえば規模の大きな株式会社」という世の中になっていきます。

資本＝まとまったお金を持たない庶民からすれば、これは要するに、自分や自分の家でお金を稼ぐ人が減って、会社に雇用されて給料をもらう人が増える、ということです。こういった人たちを、社会学や経済学では「労働者」といいます。労働者の対義語は、「資本家」です。資本家とは、自らの資産を元手にして商業や工業を営む人、あるいはそういった経営者に出資する（お金を出す）人です。

前近代は基本的に自営業の時代でした。もちろん、商家では丁稚が、農家では小作人が「雇われ」の身としてありましたが、人数としてそうした雇われの人が大半を占めるようなことはありませんでした。しかし近代社会とは、雇われて賃金を得る人がどんどん増える時代です。

このようにいうと、労働者はいかにも資本家に従属した不自由な人間であるかのように聞こえてきますが、雇用労働には別の側面もあります。たしかに「雇われる」ということは、会社の経営者や管理職の指揮下に入るということです。しかし同時にそれは、自分の稼ぎを得ることで「家」、つまり親からの経済的自立を獲得する、ということでもあります。

揺さぶられる家制度

繰り返しますが、「食べていくこと」が人間にとって必須である限り、一般的に権力のあり方は経済のあり方と密接に関連しています。古代の村落共同体の生産関係が、比較的男女に平等な結婚や家族のあり方を実現させたように、土地やそれを管理する役職体制の「継承」が経済の基本原理であった時代、つまり封建社会では、男性支配が優勢になったのです。

西洋世界、特にイギリスとフランスでは、「家」（にあたる経営体）が国の政治構造を変化させるほど力を持った時代がありました。土地と農業を基本とした封建社会がほころびを見せるなかで、都市に居住する商人が徐々に力をつけていきます。王様は自らが管理する土地からの収穫物だけでは財政をまかないきれなくなったため、交易を行う商人と結託して貨幣、具体的には金（ゴールド）を蓄えるようになりました。これが初期の「重商主義」です。歴史の教科書に出てきましたね。

商人の活動は時の権力とつるんでいたので、商人のあいだで積極的に権力体制を変えよう、という動きは目立ちませんでした。それどころか王権に取り入って有利な商売をしよう、と考える商人のほうがふつうでした。しかし、工業で儲《もう》けようとする人たち（工業資本家）は別です。彼らにとっては、政府が経済に余計な介入をしないほうが儲かるのです。有名なアダム・スミスの「神の見えざる手」の話にあるように、自由放任のもとでこそ工業社会は栄えるのだ、という考え方が広がっていきます。こうして工業資本家は、他の都市のエリート層とともに、権力に批判的な議論を盛んに行うようになりました。[*11]

ここで権力への批判の根底にあったのは、やはり独自の経済基盤を持つに至った家族なのです。工業生産で自らの富を蓄えることができた家族の家長である男性（ブルジョアジー）は、経済基盤がしっかりして政府から自立していたからこそ、政府を堂々と批判することができました。これが近代社会での権力構造の変化につながっていきます。

とはいえ、日本ではこういった社会変動は見られませんでした。イギリスやフランスから遅れて工業化を開始した日本では、政府主導で工業化が進められます。政府と工業資本家が厳しい対立をせず、最初から結託していたのです。

しかし、個人のレベルでは権力構造に影響を与える変化が生じました。これは、近代化がさらに進んで、生産活動の拠点が「家」から会社に移っていくなかで生じました。先ほど触れた、個人の会社への従属と「家」からの独立です。

雇う側からすれば、働き手がどういう人の血を引いているのかはそれほど気にしなくてもよいことです。それよりは、ちゃんと働いてくれるかどうか、能力を持っているかどうかが重要です。したがって、雇用というかたちでの働き方が都市部で徐々に浸透していくにつれて、家制度はその根底を掘り崩されていくのです。

＊11　Habermas（1990＝1994）参照。

第二章

家族はいまどこにいるか

第一節　男は仕事、女は家庭

「近代家族」——性別分業の誕生

第一章の冒頭では、三つの「ネタ振り」をしました。最初のネタは、「古代の日本社会で意外にも男女が平等な結婚・家族のかたちが見られたこと」でした。これについての種明かしは、すでに行いました。簡単にいえば、女性にとっての生活基盤がしっかりとあれば、男性が結婚や家族において優勢になる理由がないから、というものでした。

次の話題は、「男性は外で働き、女性は家庭で家事や育児をする」という結婚生活の仕方が、実は「モダン」なものだ、というものでした。この章では、この話題の解き明かしから始めましょう。

前の章では、資本主義の発達につれて、経済活動の拠点が「家」から会社に移っていったこと、それに応じて家制度の特徴である家長の決定権や家督の管理権が実質的に掘り崩されていく、ということを論じました。何しろ自営業が減って雇用労働が一般化していくと、家長はもはや「家」の社長ではなくなります。息子も、親から離れて会社から給料をもらうようになると、「自分の人生は自分で決める」という気持ちを強くするでしょう。具体的にいえば、どこに住んで、誰と結婚するのかは自分で決めたい、という男性が都市部で増えていくのです。

しかし女性については事情が異なります。会社で基幹労働力として働くのは、男性でした。女性ももちろんいましたが、職業女性は基本的に未婚女性であり、結婚と同時に退職するケースが大半です。教師や産婆などの例外はあったのですが、女性が家業以外で職業人として結婚後も働き続けることはあまりなかったのです。

これはなぜでしょうか。すでに述べたように、農業、工業、商業という生産活動それ自体からは、女性を排除しようという力学は生じません。男性であろうが女性であろうが、勤勉で有能な人が生産活動をすればよいのですから。経済学者が明らかにしたように、根拠のない差別は（性差別だろうが人種差別だろうが）基本的には「経済損失」をもたらします。有能な人材を、「女性だから」という理由だけで登用しなければ、その会社は損害を被るのです。たとえ性別による向き不向きがあったとしても、個体差に比べればたいした問題ではありません。なんなら対等な条件で働いてもらって、そのあとに判断すればよいのであって、最初から女性の就職を差別することは、少なくともあまり合理的ではないでしょう。

しかし、日本でもその他の経済先進国でも、現実はそのとおりにはなっていません。経済の近代化にともなう「家からの個人の離脱」は、離脱した先の家族生活において、性別分業や男性支配（男性依存）をともなったものだったのです。これについては、他の先進国を含めてほぼ例外はないといってよいでしょう。それまでなんらかのかたちで結婚後も「家」のなかで生産活動に携わってきた既婚女性は、近代化が進むにつれて家事や育児に専念し、家族の金銭収入に関わる活動からは撤退していくことになります。わかりやすい言葉でいえば専業主婦化、現代の学術・統計用語でいえば「女性の非労働力化」が進むのです。

親の家から経済的に自立し、夫は外で稼ぐための労働をし、女性は自宅で家事や育児に専念するという家族のかたちを、日本の社会学では「近代家族」と呼んでいます。経営体としての「家」からの自立が、まさに経済の近代化によって可能になったことが、このような家族が「モダン」とされることの理由です。近代家族という言葉は、これからも何度か登場します。

政治的理由と経済的理由

あまり例外がない以上、なぜ「家」が廃れたあとでも男性支配が継続したのか、はっきりした説明をすることは難しいかもしれません。しかし、およそ二つの理由があったと考えられます。ひとつは政治的な理由、もうひとつは経済的な理由です。

まずは政治的な理由からです。「家」が経済活動の拠点だった段階では、欧米でも日本でもたいてい、家父長制原理により男性が「社長」の位置を占めていました。父親は、同時に社長であり、命令権を握っていたわけです。このような家父長制の歴史はむしろヨーロッパ社会で古く、典型的な家父長制は古代ローマ社会に見られたものです。そして経済拠点が家から工場や会社に移るのですが、ここでも男性優位の体制が継続しました。「家」だろうが「会社」だろうが、男のものだ！　というわけですね。

たしかに工業化の初期の段階では、少なからぬ女性が工場で雇用されて働いていましたが、男性と比べて賃金がかなり安かったのです。「典型的な女性職とされる紡績も、ミュール紡績機の導入当初は男性が手紡ぎの女性労働を駆逐し、機械を扱えるのは男性とされた。女性労働の増加は賃金を低下させる『汚い競争』とみなされ、男性労働者の攻撃の対象となった。……〈男の労働〉〈女の労働〉のあいだには、その種別や評価をめぐり人為的な境界線が引かれたのである」[*1]。

ただ、労働者階級については、工業化の初期段階では工場で過酷な労働に従事する女性が多く、彼女たちの生活を「保護」するという名目で女性を家庭にとどまらせる、という運動があったのも確かです。一足先に性別分業に基づいた近代家族を成立させていた中産階級(いわゆる「市民層」)のライフスタイルは労働者階級にとっても憧れでしたので、男性の賃金が上がっていくにつれて女性は辛い低賃金労働から手を引き、温かい家庭を構築することが労働者階級の女性にとっても目標になっていきました。「こんなきつい仕事を少ない給料で続けるくらいなら、やめて家庭に入る」という、現在の日本の女性が置かれた状況とよく似ていますね。

次は経済的な理由です。経済的といっても、広い意味での経済です。さきほどから繰り返しているように、市場の競争原理は本質的に差別とは相性が良くありません。先祖崇拝や家の格式なんて、会社が利益を上げるという目的にとってはちっとも役に立ちません。だからこそ江戸の商家は、たしかに家長(旦那様)の権限は強かったのですが、必ずしも息子に家を継がせなかったのです。

それでも男性支配が継続した理由は、やはり男性が経済力を握っていたことにあります。

---

*1 姫岡(2014:174頁)より引用。

女性も、結婚しても働き続けられるのであれば同じく経済力を獲得できたのかもしれません。しかし、「家」が経済生産の場でなくなっても、女性はそこに居続けました。この背景にあるのは、「職住分離」です。

「家」での経済活動と、工場や会社での経済活動で異なることのひとつが、この職住分離の有無です。私生活を送る場と、稼ぎのために働く場は、自営業の時代には重なっていました。しかし勤め人は、宿命として基本的には「通勤」しなければなりません。日中の多くの時間、家を不在にしますから、小さな子どもがいる家庭にとっては誰かがその面倒を家で見なくてはなりません。よほど稼ぎの良い女性であれば、子育てを女中や親に任せて働きに出ることは可能でしたが、女性の労働賃金は通常はそれほど高くありませんので、多くの女性にとっては外で働き続けることの経済合理性がありませんでした。

専業主婦の時代

こうして女性は、お金を稼ぐという意味での労働――これを有償労働といいます――から身を引きますが、これが極端にまで進んだのは、まさに近代化（モダニゼーション）の結果だったのです。そしてこの性別分業は、欧米においては第二次世界大戦後の１９５０〜１

960年代に、日本では1970年代にピークに達します。これは、各国が経済成長するなかで、男性の賃金が順調に上がってゆき、夫の稼ぎだけで生活が成り立つケースが増えたからです。

しかし日本では、実は専業主婦家庭は欧米社会ほど増えることはありませんでした。専業主婦化が最も顕著だったのは、むしろ欧米社会においてでした。たとえば戦後、フランスを始めとするヨーロッパ社会の女性の有償労働への参加率は3割弱程度でした。最も極端なのはオランダで、小さな子どもを持つ妻のうち、有償労働をする人の割合は1割にも満たなかったのです。

この秘密は、経済発展のスピードにあります。欧米の先発国は日本よりも早い時期から工業化が進み、「男性稼ぎ手＋専業主婦」家庭が浸透していきました。つまり、農業や自営業といった労働形態が雇用労働というかたちに十分に切り替わってから、そのあとで女性の職場進出が始まったために、専業主婦家庭の割合が高くなった時期があったのです。

これに対して日本では、戦後もしばらくは農家や自営業の家庭がまだまだたくさんありました。図1に示しましたが、1950年代までは農林業と自営業の就業者はまだ半数を占めていました。日本で最も専業主婦化が進んだ1970年代においても、農家や自営業は健在

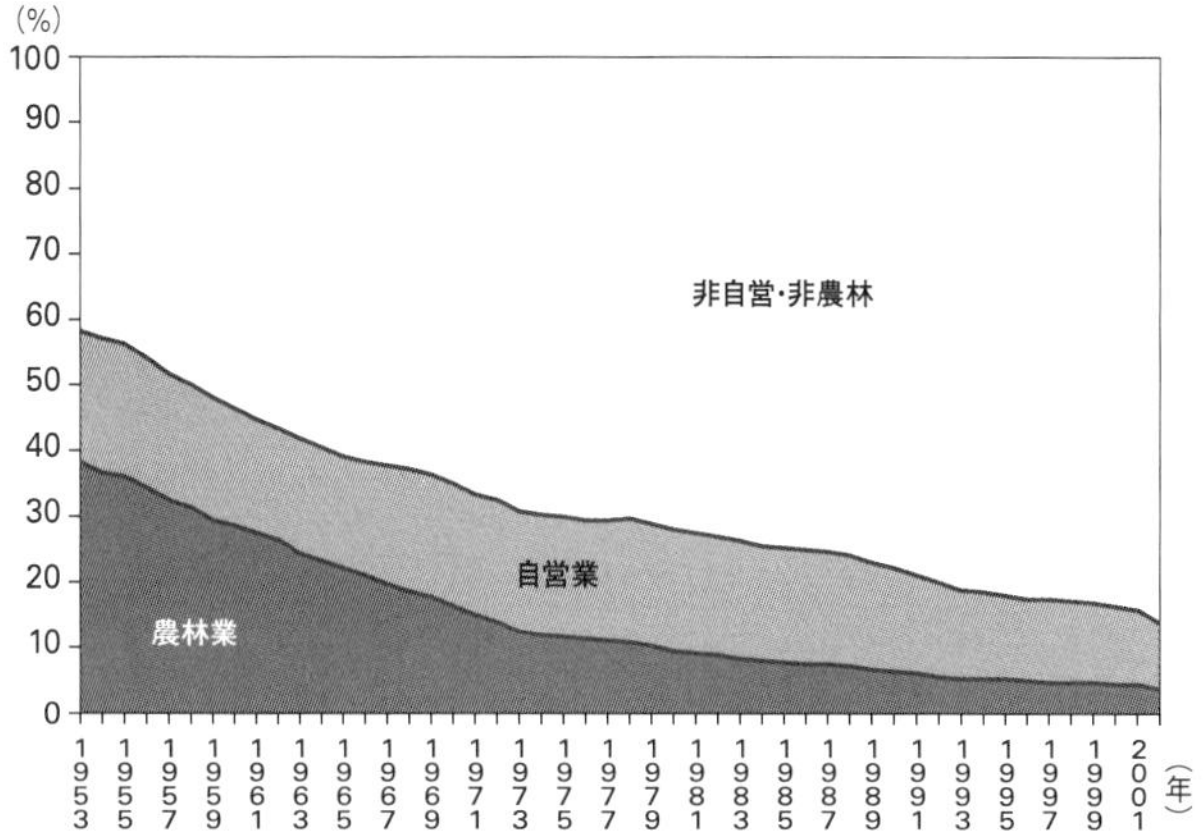

出典：総務省統計局「労働力調査長期時系列データ」表4、5のデータより筆者作成。

図1　日本の就業者に占める「農林業」「自営業」の割合の推移

で、そこでは女性は家族従業者として有償労働をしていたわけです。

そうこうしているうちに、今度は女性の職場進出、つまり雇用労働化が本格的に始まります。このように急激な経済発展によって、自営業・農業の衰退と雇用労働の増加の動きが重なりあったために、日本では欧米社会ほど専業主婦家庭が浸透しなかったのです。

「家」からの解放と男性への従属

いずれにしろ、戦後日本でも民法が改正され、ようやく自由で民主的な結婚と家族が認められるようになったのは確かです。敗戦と連合国による占領にともなって、欧米的な価値観が日本に移植されたのだという見方をする人もいますが、別の見方をすることもできます。むしろ「家」が経済単位として形骸化したのに、不自然なかたちで家父長制が残されていたのです。経済成長と経済の近代化の進展で大正期に家父長制を見直す機運があったのですが、やがて来る戦争体制のおかげでむしろ家父長制を強化するプロパガンダが広がりました。戦争は産業化のひとつの帰結であり、ある面では資本家が望んだことでもありますが、「自由な個人が取引のなかで最大限の利益を上げ、全体の経済を成長させる」という市場の論理とはどこかで相性が悪いものです。

ともあれ、終戦にともなって家父長制が廃止され、ようやく経済の近代化に見合った家族制度になったのです。家長（戸主）の強い権限は廃止され、結婚は家長の同意を経ずして「両性の合意」のみに基づくものになりました。家の財産は嫡男への単独相続ではなく、男女問わず均分相続になりました。婚外子への相続差別は残りましたが、明治民法での家制度に比べればずいぶんと自由で民主的になったのです。婚外子の相続差別も、2013年に最高裁で違憲判決が出て、同年に民法が改正・施行されました。

戸主はいなくなり、国勢調査や住民登録上の概念である「世帯主」、あるいは戸籍法上の「戸籍筆頭者」としてその残滓《さんし》がとどまっていますが、いずれも形式的なものです。世帯主や筆頭者になんらかの権限があるわけではありません。もちろん、「とーちゃん」が威張っている家庭はたくさんあるでしょうが、何かしらの法律上の裏付けがあるわけではありません。

しかし、近代化は男性と女性を「家」から解放したのですが、女性は今度は（「家」ではなく）男性に従属するようになりました。もちろん、女性が力を持っている家はたくさんあるでしょう。しかし、男性が稼ぐ力を持っている以上、自ずと決定権の差が生じます。何しろ、離婚しても男性は稼ぎを失いません。もちろん、離婚すれば家事をしてもらうことができないので、仕事の生産性が落ちることはあるでしょう。しかし、いっきに貧困状態に陥ることはありません。他方で、女性は夫の稼ぎを失うことで、極端に生活レベルを落とす必要が出てきます。この非対称性を反映してか、浮気をするのは男性が多い、という調査結果もあります。[*2]

近代家族におけるこの非対称性は、何も結婚後の生活に性別分業というかたちで現れただけではありません。結婚相手の選び方、専門用語では「配偶者選択」にも反映されていきます。

＊2　坂爪（2015：23頁）参照。

第二節　「お見合い結婚」の不思議

日本の見合い婚の独特さ

ここで、第一章の冒頭で掲げた三つめのネタを振り返りましょう。日本の「お見合い」の不思議です。少なくとも現在のお見合い婚のほとんどは、恋愛を含むものでしょう。でも、しばしば登場する「出会い方」の統計では、「見合い婚から恋愛婚へ」という変化として記述されています。図2は、国立社会保障・人口問題研究所が集計している「見合い婚」と「恋愛婚」の比率の推移です。

この混乱は、アメリカの社会学者ロバート・ブラッドが日本で配偶者選択について行った調査にも顔を出します。[*3] ブラッドはたくさんの日本の夫婦にインタビュー調査を実施し、結婚当時のことや結婚生活についての聞き取りを行いました。ところが、自分たちの結婚が「お見合いか恋愛か」という質問についての答えが、夫婦で異なっているケースがいくつか

＊3　Blood（1967＝1978）参照。

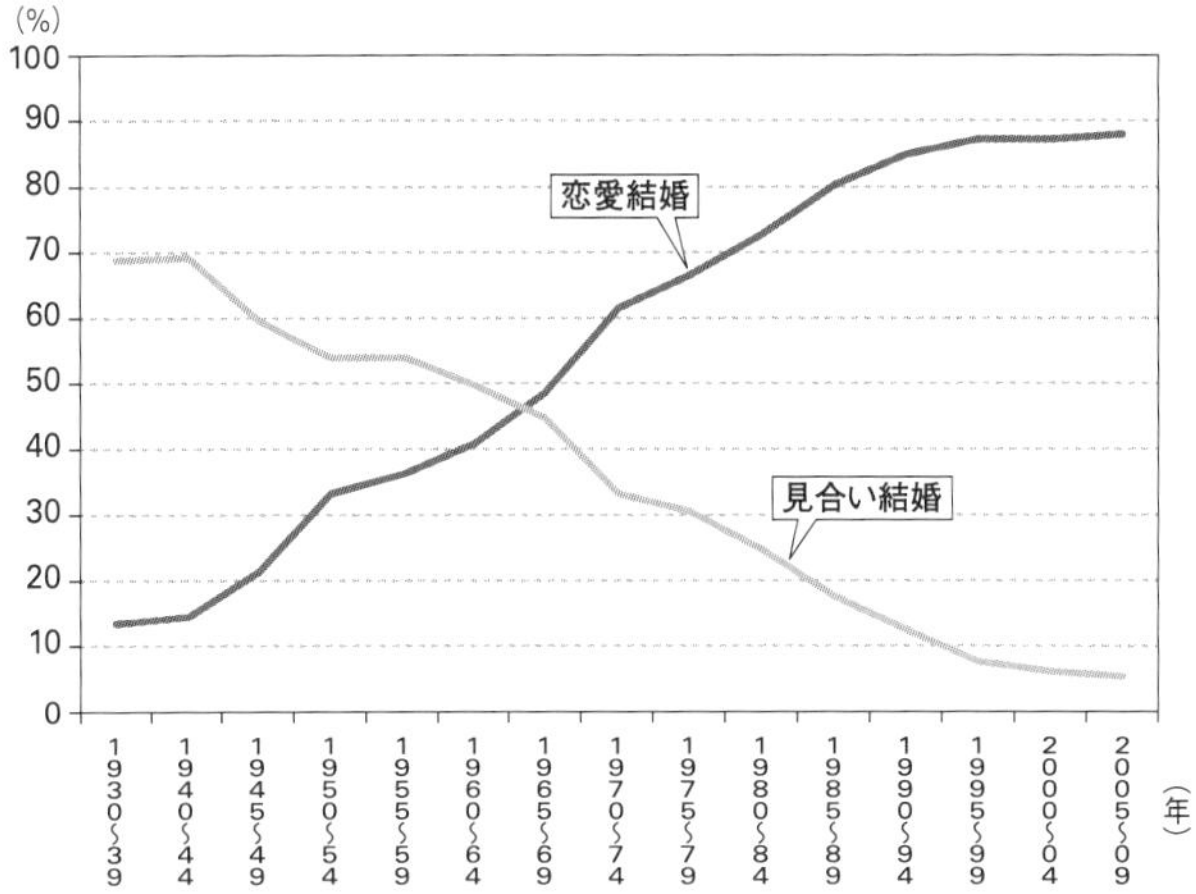

図２　日本の配偶者選択の推移１

あったのです。たとえば、夫が「自分たちの結婚は見合い婚だった」と言っているのに、妻は「いや、恋愛結婚だった」と言うわけです。

　これはある意味ではどちらも正しいといえます。要するに、夫からすれば「出会いのきっかけが見合いだったのだから、世間一般でいう見合い婚だろう」と考えたのでしょうが、妻のほうは「出会いのきっかけがなんであれ恋愛してから結婚したのだから、恋愛婚だ」と主張したいのかもしれません。ここに、少なくとも戦後社会での日本の見合い婚の独特さがあります。

「アレンジ婚」と「恋愛婚」

　この独特さを理解するために、前置きとし

て、配偶者選択について少しお話しておきます。社会学や人類学では、配偶者選択は基本的に「アレンジ婚（arranged marriage）」と「恋愛婚（love marriage）」に分けられます。英語のarranged marriageには日本語の定訳がないため、便宜的に「見合い婚」と訳されていますす。しかし、あとで述べるようにこれは不正確です。とりあえずここでは、片仮名で「アレンジ婚」と呼んでおきます。

一般的には、社会が近代化するにつれて配偶者選択はアレンジ婚から恋愛婚へと移行していく、と考えられています。ただ、配偶者選択は結婚の背後にある社会構造との関連で決まる、ということを忘れてはなりません。ですので、決して不可逆的に「アレンジ婚から恋愛婚へ」という流れが見られたわけでもありませんし、結婚する二人が置かれた環境によっても異なってきます。

たとえば古代女性史研究家の関口裕子によれば、10〜11世紀くらいの日本では、結婚がそれ以前の「妻の母による消極的、事後的承諾により成立」していた状態から、徐々に「娘の父の承認下」で行われるようになったそうです。[*4] すなわち、家父長制的な結婚のかたちが階層を超えて浸透していくのですが、これ以前の時代でも、支配者階層においては結婚の決定権における父の力が強かったということです。多かれ少なかれ、本人たちの自発性が許容されていた結婚が、この時期にアレンジ婚に移行していくのは、経営体としての「家」が成立し、そのトップに男性が就くようになることの反映です。

家長（「家」の社長）にとって、子どもの結婚相手を探すことは、いってみれば現在の会社の社員の採用活動のようなものです。父系社会の場合、息子の結婚相手は将来の「家」の生産の担い手になりますから、親にとっても大事な選択になります。娘の結婚相手についても、嫁ぎ先と姻族の関係になりますから、やはり親が口を出してきます。「口を出す」どころか、親が全部決めてしまって、子どもは結婚式のときにはじめて相手の顔を見る、といったことも生じえます。

雇用労働に就く人が増えると、子ども（正確には男性）が経済的に親の家から自立するようになって、自ずと恋愛婚が増えていきます。1000年にわたる長いアレンジ婚の時代が、「家」の終焉《しゅうえん》とともに終わったということです。経済の近代化と恋愛婚の増加の関係は、異性との出会いの場が増えることからも説明できます。その代表例は会社でしょう。会社勤めというのは、一日の大半を職場で過ごすことです。すると当然、職場でいろいろな異性と出

＊4　関口（2002：44頁）参照。

会う機会も多くなります。職場での出会い（職縁）というのは、つい最近まで日本人が配偶者と出会う機会のトップでした。

結婚の四つのパターン

もちろん、アレンジ婚が「家」の経営上の戦略の一環であるとはいっても、前近代社会でもすべての人がアレンジ婚を経験していたわけではありません。日本の農村部の結婚は、支配層のそれよりもずいぶん自由であったと考えられています。「家」の経営が子どもの結婚相手に左右される度合いが小さかったからでしょう。同様にヨーロッパでも、裕福ではない家の子どもはすぐに奉公に出され、場合によっては「家」の経済基盤から切り離された生活を送ります。そうすると、支配層よりも自由な結婚相手の選択ができたのです。

とはいえ、多くの人が生産活動の拠点たる「家」から独立するのは、やはり雇用労働が一般化した近代社会においてです。このように書いていると、近世から近代への社会変化においては、やはり基本的に「アレンジ婚から恋愛婚へ」というシンプルな推移が配偶者選択を説明できるような気もしてきます。

しかし、このカテゴリーは実はちょっと「粗い」のです。その粗さが、見合い婚をめぐる認識の混乱につながります。そこで、もうちょっとだけ詳しいカテゴリーで配偶者選択を見てみると、「アレンジ婚から恋愛婚への移行」の別の側面が浮かび上がってきます。

結婚相手とどういう経緯で結婚に至るものなのか、ちょっと考えてみてください。まずは、いかなるかたちでも相手と出会う必要がありますね。「出会いのきっかけ」にはいろいろなパターンがあります。ひとつには、誰か——親や仲人、職場の上司、友人など——の紹介があります。紹介ではなく、学校や職場で知り合う場合もあるでしょう。

実は、近年の結婚では「職場や仕事」で出会うパターン、「友人・兄弟姉妹を通じて（紹介されて）」出会うパターン、「学校で」知り合ったパターンの三つだけで、ほぼ7割を占めています（国立社会保障・人口問題研究所「第14回出生動向基本調査」）。「見合い結婚」は5・2％です。

しかし、単に配偶者と出会うだけだとまだ結婚は成立しません。決定権を持つ人が決定する必要があります。最近だと当事者同士が決めるものなのでしょうが、場合によっては親が介入してくることもありうるでしょう。介入の度合いは様々です。親がすべての決定権を持っている場合もあるでしょう。逆に、親は最終的に報告を受けるだけ、の場合もあります。

こうしてみると、配偶者選択にはおよそ四つのパターンがある、といえます。

「伝統的」なアレンジ婚では、出会いも決定も親が行います。「近代的」な恋愛婚では、出会いも決定も当人たちが行います。この二つのカテゴリーに加えて、「出会いは当人たちが自発的に経験したが、親の合意が必要」というパターンと、「出会いは親がセッティングするが、決めるのは当人たち」というパターンを付け加えることができます。後者が、現代の意味での「見合い婚」です。前者のパターン（「出会いは当人たちが自発的に経験したが、親の合意が必要」）には特に名前がついていません。

配偶者選択のデータ

このような四つのカテゴリーで配偶者選択をとらえ返して見ると、「家」からの独立を果たした若者たちの結婚が、単純に「アレンジ婚」から「恋愛婚」に移行してきたわけではないことが想像できます。こういった分類法は一般的ではないため、長期の統計で配偶者選択の変化をとらえるのは難しいのですが、実は唯一、この動きがよくわかるデータがあります。ここで紹介しましょう。

そのデータはＥＡＳＳ（East Asian Social Survey、東アジア社会調査）と呼ばれている調査から得られたものです。２００６年に実施されたＥＡＳＳでは、調査当時に20歳から89歳までの回答者について、配偶者選択の様子を質問しています。実に、1930年代からの配偶者選択についての詳細なデータを含んでいる、まれな調査です。しかも、台湾、韓国、中国本土で同じ調査を行ったのですから、かなり貴重なデータであるといえるでしょう。筆者はこの調査の実施メンバーの一人で、調査後は配偶者選択についての分析を担当することになりました。

調査では、単に「お見合いか恋愛か」を尋ねたのではなく、出会い方や、結婚の決定時における親の影響についても尋ねています。実際にデータで見てみましょう。

図3（74ページ）は、調査当時（2006年）に結婚している人に対して、現在の配偶者とどのように出会ったか、また結婚を決める際に親の影響があったかどうかという質問をもとに、配偶者選択を先の四つのカテゴリーに分けたものです。[*5] 図中の「親が紹介」というのは、現在の結婚相手との出会いは親（あるいは仲人、近隣の人など）がセッティングしたが、最終的に決める際には親の影響が比較的小さかった、というパターンで、いわゆる現代の「見合い婚」のことです。逆に「親の影響あり」とあるのは、出会いでは親や仲人などが介在しな

＊5　分け方の詳細は Tsutsui（2013）を参照。

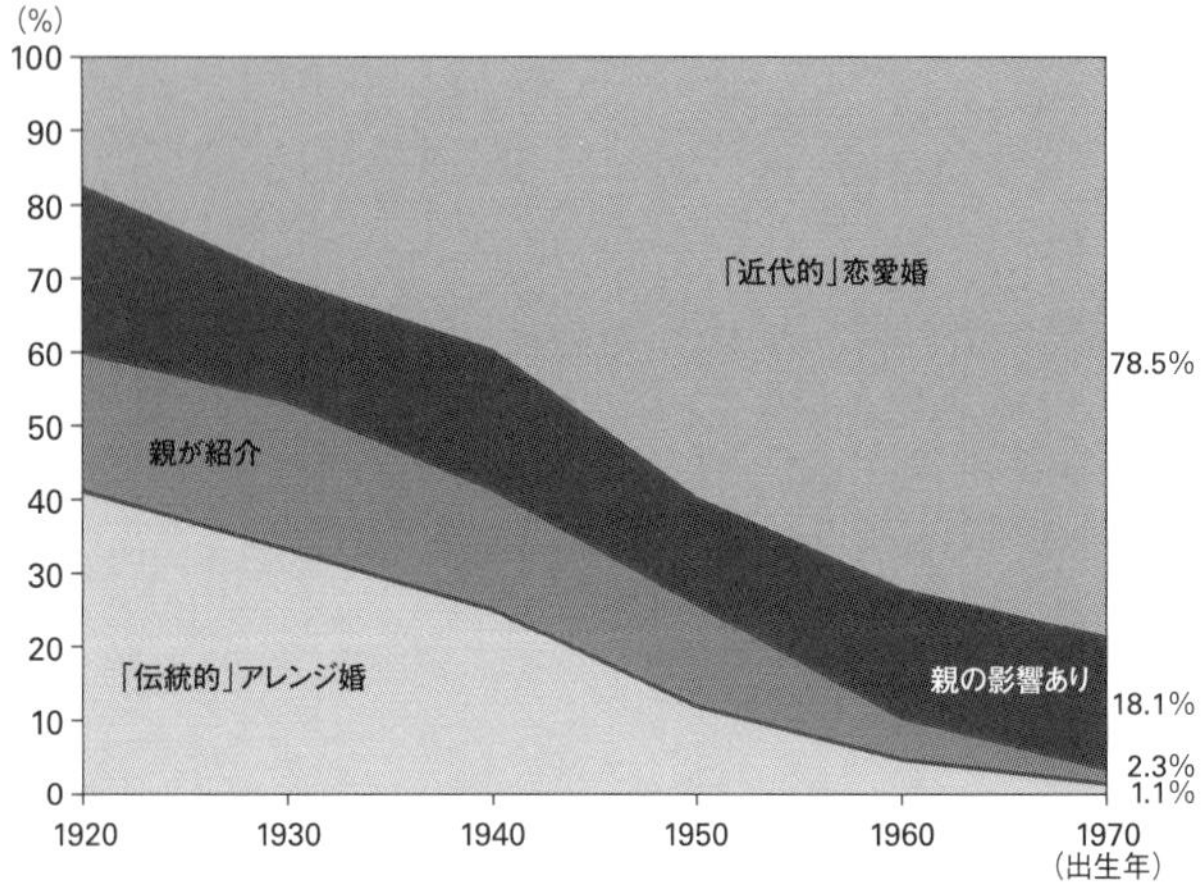

図3　日本の配偶者選択の推移2

かったが、決めるときには親の影響力が比較的大きかった、というパターンです。他の二つは説明する必要はないでしょう。

「出会いも決定も自分で」という「近代的」な恋愛婚が5割を超えるのは、ほぼ団塊の世代（１９４０年代後半生まれ）くらいからです。それ以前はこのような純粋な恋愛婚は少なかったのですが、それでも出会いは親経由でなかったり、親がセッティングはしたが最終的には自分たちで決めた、というケースがかなりたくさんあったことがわかります。こういった過渡的なパターンではない純粋なアレンジ婚は、１９２０年代生まれ（２０１５年で80歳台後半から90歳台前半）の高齢者の方でも少数派だったのです。若い読者の方なら、ひいおじいさん・おばあさんの代くらいでしょうか。意外に多くの人が、なんらかのかたちで自由な結婚をしていたようです。

このような移行パターンは、近代化で先行したヨーロッパにおいてもある程度見られたようです。つまり、相手の選択も決定も親が行っていた段階から、次第に親が選んだ相手を拒むことができるようになった、ということです。

先にも参照した歴史学者の姫岡とし子によれば、イギリスでは17世紀半ば以降、結婚相手の選択において子どもの拒否権が認められるようになりました。*6 これより前の時代にも、シェイクスピアが描いたように「親の決めた相手を拒否して他の誰かと恋に落ちる」ことはあったのでしょうが、たいていは認められずに、無理に愛を貫こうとすると悲劇的な結末になることもあったはずです。

日本に話を戻しましょう。さきほどの調査データで最も新しい年代である１９７０年代生まれ、ちょうど団塊の世代の子どもたちの代の配偶者選択はどうなっているでしょうか。図３を見ると、「出会いも決定も自分たちで」という「近代的」恋愛婚の割合が８割近くにな

＊6　姫岡（２００８：33頁）参照。

っていることがわかります。「出会いも決定も親が関与」というパターンはほとんどありません。しかし、18・1％という無視できない割合の人が、「出会いには親が介在していないが、決定に際しての親の影響はあった」というパターンで結婚しています。これはどういうことでしょうか。

実はここに、「家（親）からの解放」をなしとげた若者にとっての「残された課題」が見えてくるのです。

第三節　「男性」からの離脱？

親の口出しは娘の結婚に

「出会いは自由だが、決定には親が介在する」という結婚のあり方がまだ多く残っているのはなぜでしょうか。私は、この背景には根強く残る結婚差別の問題があるのではないかと考えていますが、このデータからは立証できません。

他にもいろいろな解釈がありえますが、答えのひとつは、最初の節で説明した性別分業にもあると考えられます。というのは、「出会いは自由だが、決定には親が介在する」のは、男性（息子）の結婚よりも女性（娘）の結婚において多いことがデータにも現れるからです。実際データを見てみると、「結婚の決定に際して親の影響力があったか」という質問に、「かなり影響した」あるいは「ある程度影響した」と回答している人の割合は、男性では26・1％であるのに対して、女性では41・3％でした。

みなさんが親だとして、子どもが結婚相手の候補を紹介してきたとします（親ではない人は、そのつもりになって想像してみてください）。このとき、みなさんが口を出したくなるのは、それが息子である場合でしょうか、それとも娘である場合でしょうか。

実は私は、データを分析してどちらの場合に親がより多く影響してきているのかを実際に見てみる前に、ちょっとした仮説を立ててみました。ここで仮説というのは、「これこれこういう理屈からいえばこうなるだろう」といった予測のことです。

その仮説は二つあって、ひとつは「息子である。なぜなら、親はなんだかんだで『家系』のことを気にしていて、自分たちの『家』の一員となる『嫁』がちゃんとした人なのかを確かめたいからだ」というものです。もうひとつはこれと逆の仮説で、「娘である。なぜなら、親は娘の幸せは相手の男にかかっていると思っていて、娘の相手がちゃんとした稼ぎのある真面目な人なのかを確かめたいからだ」というものです。

研究を始める前は、私自身はどちらかといえば「息子だろう」と考えていました。調査の対象となっている人の年齢の幅は広く、その人たちにはまだまだ「家」を気にする親がいただろうと思っていたのです。

データがまだできあがっていなかったころ、ふと思い立って、職場（大学）で子どもがいる先生たちに、なんとなしに話を向けてみました。まずは未婚の息子さんがいらっしゃる先生に尋ねてみたところ、「そんなの気にしないよ」という答えでした。息子の結婚相手に口を出す気はない、ということですね。というわけで、私の予想は外れです。続いて、未婚の娘さんがいらっしゃる先生に同様の質問をしてみたところ、「そもそも娘の結婚なんて考えられない」といったことをおっしゃられました（ほんとうはもう少し過激なことを口にされましたが、ここでは書けません）。この先生の娘さんの配偶者候補の方は、たぶんお父さんの了解を得るのに苦労されるかもしれません。

というわけで、たった二つのケースですが、私の予想とは逆の結果でした。「いまごろの結婚はそうなのかなあ、でももっと年齢が上の人なら違うだろう」などと考えつつ、データが得られたので分析した結果、ずっと上の年代（旧民法下で結婚を経験した人を含む１９２０年代生まれ）の人の結婚からして、すでに娘さんのほうが結婚時に親の影響を強く受けてい

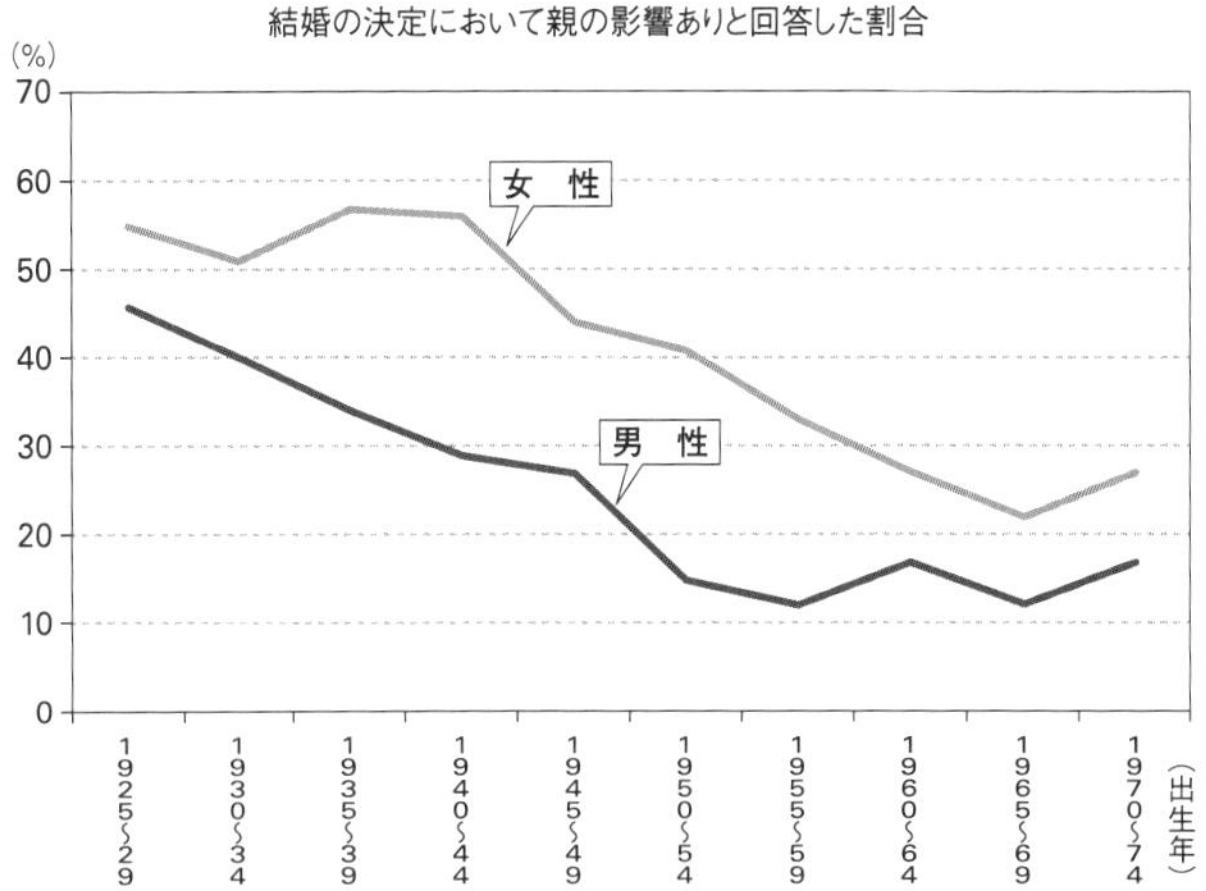

図４　結婚における親の影響

た、という結果でした。

図４は、それぞれの出生年のグループごとに、結婚決定時に親の影響があったと回答した人の割合をグラフ化したものです。戦前生まれの人からして、すでに女性のほうが数値が高いことがわかります。

というわけで、結果的には「娘仮説」が支持されることになったのです。つまり、「男性が稼ぎ、女性は家事や育児でそれを支える」という性別分業が広がっていくなかで、女性の結婚後の生活の幸福が結婚相手の男性にかかっていることが、かなり以前から親に認識されていた可能性があるわけです。

たしかに、「会社に雇用された男性が都市部で妻と子どもと一緒に暮らす」という近代的核家族は、すでに大正期には登場していました。「家から会社へ」と生産拠点が移っていくという経済構造の変化が、配偶者選択にはっきりと反映されていた、ということでしょう。ところで、図4を見ると、配偶者を決定する際の親の影響力の男女差が、真ん中で膨らんでいることがわかります。親の影響力は時代を経るごとに低下していますが、ここでは男女差に注目してください。1920年代後半から1930年代前半生まれの人も、1960年代生まれ以降の若い人も、どちらも男女差が小さめです。これは解釈ですが、昔の世代はやはり「家」の継続性がリアリティを持っていたため、女性のみならず、男性もそれなりに結婚相手の選択で親の介入を受けたのでしょう。そのため、親の影響力の男女差が小さかったのだと考えられます。そのあと、男性は「家」から経済的に自立することで親の介入を受けなくなり、親の影響力の男女差が広がります。しかし、最近の世代では女性もそれなりに経済力を持つケースが増えたために親の介入を受けることも少なくなり、差が再び小さくなっているのではないか、と考えられます。

恋愛結婚のなかの不平等

娘さんからすれば、親が結婚に口を出してくることは煩《わずら》わしいこともあるでしょうが、私の将来を心配してくれているのかな、と思う人もいたでしょう。しかしここで気にすべきは、ジェンダー差がそこにはっきりとあったということ、そしてそれが男女の経済力の差を反映していた、ということです。

要するに、経済の中心が「家」から会社に移るなかで、男性は「家」から自立でき、結婚相手を選ぶのも自由になりました。しかし女性は依然として男性（の経済力）に依存していて、結婚相手の選択は、少なくとも同時代の男性よりも不自由だったのです。そして配偶者選択における不自由は、何よりも経済的な条件が男女で非対称的であることの反映だったのです。

たしかに家制度が成立していた時代において、子どもの結婚相手に戸主の同意が必要だったころに比べれば、女性も格段に自由になったでしょう。しかし、「家」が経済活動の拠点でなくなるということは、雇用労働で生計を立てていくことが難しい女性にとっては、ある意味では生活基盤の弱体化を意味しています。稼ぎのある男性に頼るしかなくなるからです。たしかに両親が健在のうちは、ある程度豊かな生活ができるかもしれませんが、両親はたいてい自分よりも先に亡くなってしまいます。

いずれにしろ経済が発展すると、一般的な趨勢《すうせい》としては規模の小さい会社や自営業は少なくなるものです。ごく最近は情報産業の進展によって事情が変わりつつありますが、大きな流れとして、両親が経営していた家業を継ぐ、というケースは少なくなっていきます。ということは、もし女性が男性に経済的に従属することを避けたければ、女性は男性と同じく会社に雇用されることで経済的に自立する道筋をとるしかない、ということになります。しかし職場はたいてい「男の世界」なのです。

以上、配偶者選択の推移のデータを元に、結婚のあり方を少し長めにお話ししてきました。いわゆる恋愛結婚が着実に増加するなかで、「家」から解放されたかに見えた自由な男性と女性は、その実、性別分業という非対称性にからめ取られていました。

日本における専業主婦の全盛期である1970年代の半ばに流行した「ニューファミリー」という言葉があります。[*7] 家父長的な戦前家族と違って、男女が平等な立場で恋愛し、友達のように夫婦関係をすごす、そういった家族を表す言葉でした。

落合恵美子は、このようなニューファミリーは実際には神話のようなものであったと述べています。友達は対等ですが、妻は夫に経済的にほぼ全面的に依存していたからです。むしろ家業が衰退するにつれて、女性の男性依存はその度合いを高めたといえるでしょう。

「理想の親密性」——経済的自立と自由

さて、女性は、欧米主要国では1960年代、日本でも1980年代ころから徐々に雇用労働の世界に進出していきます。それも、工業化の初期段階のように「家」に従属して、なかば家長の指示で製糸工場に出稼ぎにいくようなかたちでもなく、結婚後も継続して仕事に就くようなかたちで、「稼ぎ」の世界に入っていくわけです。

そうすると、次のステップでは結婚や家族はどうなったのでしょうか。男性も女性も経済的に自立し、その上で自由に結婚したりしなかったりするような、そういう社会が到来したのでしょうか。

もしそうだとすれば、それはそれでなかなかに素晴らしい世界だと思います。結婚したければ結婚し、子どもを作りたければ作る。結婚してもしなくても、またどういう人間関係のなかで生きていっても、経済的基盤がしっかりあるので困らない。もちろん「人間たるもの子どもを作るのが本分、自分はもちろんそうするし、自分でなくともそうでない生き方の者がいるのも許せない」というウルトラ保守派の人からすれば困った世界かもしれませんが、

＊7　落合（2004：142頁）参照。

個人が自立した世界とは、少なくとも保守的な人が自分の保守的な人生を生きていくことがある程度可能な世界でもあります。

私個人はリベラル派（リベラル派が厳密に何を意味しているのかはさしあたり置いておきますが）を自認しているので、「男性も女性も経済的に困窮せず、その上で自由に結婚したりしなかったりするような、そういう社会」をさしあたりの目標に設定することは、理にかなっていると思っています。こういう状態を、ここでは「リベラル派の理想の親密性」と呼んでおきます。なぜ「理想の家族」ではないかというと、何しろ自由に関係を取り結ぶのだし、そもそも人間関係から撤退することも自由なわけですから、必ずしも家族というかたちが選ばれるとは限らないからです。「親密性」という言葉は一般の人にはあまり馴染《なじ》みがないと思いますが、家族、友人関係、恋愛関係、同棲などを含む広い概念だと思っていてください。

それはさておき、このような「リベラル派にとっての理想世界」は、実現していません。つまり、「家」から男性が自立し、そして女性も自立し、みんなが個人として経済的に自立するようになった、というわけではありませんでした。広く経済先進国を見渡してみると、私たちが向かっているのは、一組の男性と女性がともに稼いで協力して家族を支える「共働き」社会です。「自立した男女同士が結合する」というよりは、「男女の稼ぎを合わせてなんとかやっていく」ようなカップルが増えているのです。

ただ、「共働き社会化」は変化の基本線にすぎません。そもそもそんな変化の基本線など存在せず、男女の結合や家族のかたちは「多様化」しているのだ、という見方もありえます。多様化とは、シングルペアレント、単身世帯の増加を主に指しています。単身世帯には、そもそも最初から独身を通す人、一度は結婚するが、その後、離別、あるいは死別してシングル生活をする人が含まれます。そして単身世帯ではなく人と一緒に暮らす場合でも、結婚せずに事実婚を続ける人たち、つまり同棲カップルも急激に増えています。特に家族でも恋人でもなくても一緒に暮らす人たちもいます。ルームシェア、シェアハウスが典型的でしょう。性的少数者（セクシュアル・マイノリティ）の人たちの世帯も男女共働き世帯ではないことが多いでしょう。

私自身は、現状見られるこの「多様化」は、必ずしも「リベラル派の理想の親密性」の状態ではないと考えています。その理由は、あとで述べます。

ふつうだった「家族の多様性」

ところで、歴史に詳しい人ならば、「男女一組の夫婦が中心となった核家族が世帯を構成する」という現代的な家族生活のかたちは近代化以降に見られるもので、それ以前は家族ではない人と一緒に暮らすことはよくあったのだ、と指摘したくなる人もいるでしょう。

たしかにそれはそうで、家族以外の人と一緒に住むことは、かつてはふつうでした。1920年（大正9年）に行われた日本最初の国勢調査でも、全国約1112万世帯のうち、「親族世帯」は83・3％、「単身世帯」5・6％、残りの11％ほどの世帯は、家のなかに「職業使用人」か「家事使用人」がいる世帯でした。すなわち、10軒のうち1軒以上は、家族以外の誰かが家のなかに住んでいたのです。

職業使用人が一緒に住んでいたのは、まさに「家」が経済活動の拠点であったからです。家事使用人との同居は、かつて武家が商家や豪農から女子の奉公人を預かっていたことの名残もあるでしょうが、家事が大変な時代に裕福な家庭でよく見られたケースです。

さらに、長男の単独相続であった地域や、一夫多妻であった地域では、結婚せずに独身のまま生涯を終える人たちも珍しくありませんでした。長男単独相続の社会では、家督を相続できなかった男性は他の家に婿入りするか、あるいは使用人として働くか、といったケースが多くなります。後者の場合、結婚できるだけの経済的余裕がえられないこともあります。一夫多妻社会では一人の男性が複数の女性を独占しますから、その他の男性のなかには結婚相手が残らないことがありえます。実は歴史人口学的に見れば、1960〜1970年代の、ほとんどの人が結婚していた社会――「皆婚社会《かいこん》」といいます――こそが特殊なのです。皆婚社会は、家制度や家父長制が経済基盤を失い、「雇用された男性と家事をする女性」が一対一で結婚するようになってはじめて実現した、というわけです。

このように、結婚や家族が経済活動の場である「家」に埋め込まれていた社会では、結婚や家族のかたちはたしかに「多様」でした。

それは、経済活動が多様だからです。農家には農家の、商家には商家の経済活動の特徴があり、基本的にはそれに応じた結婚や家族、そして世帯のかたちがとられていました。父系の維持が重要ならば結婚や家族もそれに応じたもの（家父長制家族）になるし、江戸商家の結婚が、必ずしも父系存続に傾いていなかったこともすでに見てきました。「家」は会社のようなものですから、当然、業態にあわせて住み込みの使用人（従業員）も一緒に暮らすことになります。

中世ヨーロッパの農家でも、同じ「家」に住んで共同生活をする人たちの構成は、現在の私たちが想像できないほどめまぐるしく変化していました。[*8] 中世社会の死亡率はとても高かったので、寡婦（夫）が多く、また農地を維持するために結婚する必要があった場合、再婚も頻繁でした。結婚することも世帯をともにすることも、かつては基本的に「家」という経営単位が行う経済活動（「食べていくこと」）の一部だったのです。

この状態から、全体的に好調な経済成長に支えられた男性の安定雇用を背景に、極めて画一的な「家族」、すなわち専業主婦家族（近代家族）が一般的になっていくことになります。ここで家族は強く標準化していくのですが、これも束の間（といっても欧米の経済先進国では数十年のあいだ持続しましたが）、結婚と家族は再び「多様化」している、というわけです。

第四節　自由な親密性のための三つの課題

家族の歴史の終焉？

前節最後で述べた、現在見られるような「多様化」は、必ずしも結婚や家族が再び「家」の多様な経済活動に埋め込まれていく、ということではありません。雇用労働の割合はほぼ一貫して伸びており、経済活動の拠点が再び会社から「家」に戻っていくことは考えにくいです。他方で、結婚や家族が経済から完全に自由になった、というわけではありません。

かつての家共同体において、そのメンバーが「食べていく」ために親族以外の使用人とともに生活し、また結婚や養子縁組を駆使して「家」の生産活動を維持していたのに対して、私たちの多くがいま住んでいる「雇用労働の世界」では、「食べていく」ためには、世帯、あるいは家族のメンバーの給料の合計が生活を維持できる水準に達していることが条件になります。

稼ぎ手がもっぱら夫であった時代が、近代家族の時代です。広くとって、19世紀（国や階層によって違います）から1970年くらいまでのことです。日本では1970年前後の比較的短い時期でした。実は、日本よりあとに工業化や雇用労働化が進んだ国では、近代家族をはっきりと経験しないまま次の段階に足を踏み入れるようになっているのですが、[*9] その話はここでは詳しく述べません。とりあえずここでは、家父長制のもとでの「家」経営体から性別分業に基づいた近代家族までの変遷、これを前提としておいてください。

それで、その後のシナリオはどうだったでしょう。さきほども述べたように、「男性に続いて女性も雇用労働の世界に進出して、とうとう男女問わず個人が家族から自立する時代が

＊8　Mitterauer & Sieder（1977＝1993：訳18頁）参照。
＊9　落合（2014）参照。

やってきた（家族の歴史の終焉！）。その上で、個々人は自由に恋愛、結婚、子育て、離婚を選ぶようになった」という筋書きにはなりませんでした。

たしかに、「『家』から男性が、ついで女性が自立して、自由になった」という変化のとらえ方はシンプルでわかりやすいため、この筋書き（「個人化」といいます）で結婚と家族の成り行きをとらえる人たちも多いです。しかし、実際にはそうならなかったのです。実際に見られたのは共働き社会化であり、またそれ以外の不安定な家族（シングル子育て家庭）、単身者の増加でした。これは、個人化という言葉でイメージされる様子とはかなり異なります。もちろん、しっかりとした経済基盤を持ちつつ、自由に生きている人もいるでしょう。しかし、シングルペアレント、単身で居続ける人の多くは、そういった生き方を「余儀なく」されているのです。

「男女ともが自立した経済基盤のもとで、自由に結合し、子育てをする」という筋書きが実現しなかった理由には、いくつかあります。ここでは三つの理由をとりあげましょう。「リベラル派の理想の親密性」の実現を阻害している三つの課題、ともいえます。

経済成長の鈍化

ひとつは、先進国の経済成長が鈍化してしまったことです。１９７０年代に、これまで基本的に好調だった先進国の経済はオイル・ショックやニクソン・ショックの影響で不調に陥ってしまいます。それに、あまり難しい話はしませんが、ドル体制の崩壊は経済のグローバル化を加速させて、競争を激化させ、格差の拡大と中間階級の分裂を招きました。何よりも経済の不調は、１９８０年代以降、各国で失業率の急激な上昇を引き起こしてしまいました。これまで専業主婦家庭を支えていた男性の安定した職が失われていったのです。

そうすると、人々の選択肢は自ずと限られてきます。日本では、１９８０年代以降、不足する家計を補うために多くの女性がパート労働に従事するようになりました。共働き社会への変化です。

一部の国では、ワーク・ライフ・バランスを推進することで、この共働き体制を本格化させました。北欧諸国や北米諸国が典型的です。[*10] ともに稼ぐ男女がくっつくことで、この苦境を乗り切るわけです。

＊10　筒井（２０１５）参照。

一方、女性が継続的にフルタイム雇用されて働くための制度をきちんと整備してこなかった日本やドイツでは、結婚しない（できない）人が増えたり、子どもをあまり作らなくなったり、といった「家族からの撤退」が生じました。

もちろん「共働きして協力しないと所帯が持てない」というのも不自由ですし、「稼ぐ男が減ったので結婚が難しくなった」というのも不自由です。ただ、少子化という観点からすれば前者の不自由のほうが（カップル形成して子どもを持つので）まだましだったのですが。

この不自由の問題の根っこにあるのは、経済の失速によってもたらされた低所得、失業、そして貧困なのですが、やっかいなのは、この問題の本質を間違って認識している人たちが出てきたことです。

アメリカでは、1980年代、シングルマザーの増加や結婚しない同棲カップルの増加を問題視する議論が巻き起こりました。この批難はいまでも続いています。「リベラル派の理想の親密性」という目標からすれば、シングルペアレントや同棲の増加はなんら批難に値しない変化です。なぜこれらが問題になったかというと、シングルマザーや同棲者が貧困層（しばしば特定の民族、特に黒人や、最近ではプエルトリコ系ヒスパニック）に多く見られるからです。当時、ジョージ・ブッシュ大統領（パパ・ブッシュ）やその周辺の保守派は、家族が崩壊していることが貧困につながっているのだとして、こういった「多様な親密性」を批難しました。

もちろん、本来の議論は逆向きなのです。十分な雇用と生活保障があれば、シングルマザーや同棲は特に大きな問題にはなりません。もちろん、同じ経済・生活水準の子どもで、父と一緒に育ったケースと育たなかったケースを比べて、後者のほうが成人期にいろいろ問題を抱えている可能性について検討する、といったことはありえます。しかし、シングルマザーの貧困の問題はシングルマザーであることから生じるのだ、という議論は、いかにもピント外れです。シングルマザーや同棲が貧困問題の原因なのではなく、貧困がこれらを問題化しているのです。

このように、「リベラル派の理想の親密性」が実現するためには、安定した雇用が行き渡るか、あるいは政府が主導して生活保障を充実させるか、が必要になってきます。この課題については、本書でも折に触れて立ち返っていくでしょう。

無償労働と人口の高齢化

二つめの「不自由」の理由です。それは、「無償労働」です。詳しくは次の章で説明しますが、無償労働とは要するに家庭内で家族が行う家事や育児のことです。いくら雇用されて経済的に自立したとしても、家事や育児までも自分一人で行うのはたいへんです。シングルペアレントの苦労もここにひとつの理由があります。

「食べていくこと」の基盤がしっかりとしている人でも、自由に他人とくっつき、子どもを作るためには無償労働の問題をクリアしなくてはなりません。この無償労働は、専業主婦家庭ではもっぱら主婦が担っていましたが、女性が雇用労働の世界に進出すると、当然、見直しが必要になってきます。これがなかなか進まないことが多いのです。

最後に、さらに大きな「不自由」の理由があります。それは、人口の高齢化です。こちらも詳しくは第五章で論じますが、「家」が経済拠点であった時代とは異なり、雇用労働が一般化した世界だと、高齢者はそれだけでは経済的基盤を失います。これは特に日本においてあてはまりますが、性別分業に基づいた近代家族を繁栄させたのは、きょうだい数が多い団塊の世代でした。きょうだいが多ければ、親の面倒を見るのはたいていそのうち一人（たいていは長男）で済むので、残りの人たちは親の家の制約から自由な核家族を「謳歌《おうか》」できたのです。

しかし子どもの数が少なくなり、きょうだいが少ない世代ではこうはいきません。社会全体で見ても、少ない労働力でたくさんの高齢者を養っていかなくてはなりません。こうしてみると、専業主婦がいる核家族というのは、ますます、特殊な経済的、あるいは人口学的な条件のもとでのみ可能になったものではないか、と考えたくなります。

結婚と家族は、これからどうなっていくのでしょうか。

復習しておくと、人々が「男性のみならず女性も雇用を通じて経済的に自立して、自由に人間関係を作る」ためには、安定した雇用が男女に行き渡っていること、家事や育児のサービスがなんらかのかたちで提供されていること、そして高齢者が少なく、それを支えるコストが小さいこと、この三つの条件が必要です。そしてこの三つの条件は、たいていの個人あるいは社会にとってはなかなかそろいません。「経済が好調なら最初の雇用の問題はもちろん、残りの二つも解決できるだろう」という考え方をする人もいるかもしれません。働いて稼いだお金で家事や育児のサービスを購入できますし、増えた税収で高齢者の生活を保障できる、というわけです。しかし、私は経済が好調になってもなかなかこうはならないだろう、と考えています。その理由は、おいおい出てくるでしょう。

ともあれ残念ながら、先進国でも、経済はすべての人に安定した経済基盤＝雇用を供給するほど完成度の高いものにはなりませんでした。おそらく近い将来にもそうならないでしょう。したがって私たちは、決して安定しているとはいえない経済的な生活条件を横目に睨《にら》みながら、不自由な選択のなかでもがいています。また、私たちは、かつては家事使用人など「家」のなかにいる誰かが、近代化以降はもっぱら妻が担ってきた無償労働をどうするのか、まだまだ模索している最中です。さらに、増えていく高齢者をどうケアしていくのかという課題には容易な解決策が見えず、保守派の人たちのなかには、一度は減った「親との同居」に期待を寄せる人も出てきました。

「家族のみらい」は、価値観の多様化を説明の主軸に据えたり、散発的なエピソードに頼ったりしているだけでは見えてきません。多様な人間関係を認める価値観が広がったために、人々の関係性も多様化しているのだ、という説明は、私たちが住む現代社会の家族や親密な関係のほんの一部にしかあてはまりません。また、自由な人間関係を生きている人が周りにいるからといって、そのケースを社会全体の説明として採用していいわけでもありません。家族の行く末は、雇用、無償労働、人口問題といった、「生活基盤」に関わる要素を考慮しながら慎重に論じる必要があります。次章ではこのうち、まずは無償労働に関わる問題にスポットを当てていきましょう。

第三章

「家事分担」はもう古い？

第一節　「家事分担」問題

家事分担の悩み

結婚している人のなかには、家事分担で悩んでいる人がたくさんいます。

まず、結婚している女性には、夫が進んで家事や育児をしてくれないことや、たまにしてくれたとしてもとても満足のいく質ではなかったりして、日々不満をつのらせている人もいるでしょう。逆に夫の側にも、「こんなに手伝っているのに何が不満なんだ」「ぼくは他の人に比べれば頑張っているほうだ」と考えている人がいそうです。働きながら家事も育児もしている女性からすれば、そもそも「手伝ってあげる」と言われること自体に納得がいかない人も多いのではないでしょうか。「手伝う」というと、「本来はしなくてよいのだけど善意でやってあげる」というニュアンスがつきまとうからです。

出版物にもインターネット上にも、家事分担についての議論がたくさんあります。「ちゃんと話し合って分担のルールを決めるべき」「心のなかで思うのではなく、感謝の意を口に出すべき」等々、生活アドバイス的なものもあれば、「休日の夫は粗大ゴミ」「粗大ゴミなら回収してもらえるけど、リビングでゴロゴロしているから余計邪魔」「夫が単身赴任して生活が楽になった」など、辛辣な意見もちらほらあります。

社会学でも、家事分担についての研究の膨大な蓄積があります。それらを見ていくと、どうしても男性のほうが分《ぶ》が悪いことが読み取れます。それはさておき（あとでまた振り返ります）、そもそもなぜ現在の家族で家事「分担」が問題になっているのでしょうか。少しだけ先取りして論点を述べておくと、家事や育児について、それを「分担」の問題でのみ考えると、とたんに視野が狭くなります。そうではなく、それを「労働」という観点からとらえ直すと、バランスの良い見方ができるのです。実は、「分担」の問題は家事や子育ての問題の一部であって、特定の歴史的条件でのみ登場する問題なのです。

家事分担の問題はどうして発生するのか？

単純に考えれば、少なくとも一時期は先進国の「標準」となった性別分業家庭――夫が外で稼ぎ、妻が家事や子育てをする家庭――が少なくなり、女性が雇用労働の世界に進出していったことが、家事分担の問題を生じさせています。すでに何回か登場しましたが、社会学や経済学では、お金を稼ぐ労働のことを「有償労働（ペイド・ワーク）」、それ以外の労働のことを「無償労働（アンペイド・ワーク）」と呼んでいます。無償労働の典型が、家事・育児・介護です。それ以外にも、「家族による心のケア」なども無償労働に入れてよいかもしれません。

このように書くと、お金を稼ぐ仕事と、お金が稼げない家事や育児を同じく「労働」と呼ぶのはいかがなものか、と感じる人がいるかもしれません。たとえば、家事や育児は上司などに命令されて行うものではないし、楽しみもあるので、一緒にできないのではないか、というわけです。しかし、無償労働がとにかく楽しいわけではない――むしろ苦痛なことのほうが圧倒的に多いでしょう――のと同様、有償労働がすべて苦痛なわけではないでしょう。私たちは、もうちょっと複雑な経緯を経て、ある労働を「有償」に、別の労働を「無償」に振り分けながら生活しています。

自営業など、家族の生活の場が同時に経済拠点である場合、無償労働と有償労働ははっきりと区別することができません。店番の片手間に子育てをしたり、自宅で経理をしているすぐ近くで食事を準備したりするわけで、多かれ少なかれ、お金を発生させる労働とそうではない労働は入り交じることになります。

しかし雇用労働が一般化するにつれて、私生活の場と有償労働の場が切り離されてゆき、それに応じて無償労働と有償労働の区別も明確になっていきます。さらに、専業主婦家庭では家事は女性がやると相場が決まっていたのですが、女性が有償労働の世界に足を踏み入れると、夫婦の立場が徐々に対等に近づいていくため、「家事を誰がやるのか」問題、つまり家事分担の問題が発生するのです。

あとで述べますが、家事〈分担〉の問題は無償労働をめぐる問題の一部にしかすぎません。しかしそれでも家事分担問題は、さきほど少し取り上げたような一般の人の議論のみならず、家事についての実証的な研究、哲学的な議論の中心的な議題になっているのが現状です。

圧倒的な不公平

ではさっそく、まず家事〈分担〉についての実証研究の世界を覗《のぞ》いてみましょう。これは、筆者自身がいくつかの研究成果を出してきた分野でもあります。

家事分担の実証研究の問いにはいくつかのものがあるのですが、最もシンプルなものは、「夫婦間の家事分担はどのように決まっているのか？」というものです。「どのように決まっているのか」といっても、夫婦がどのように話し合って分担を決めているのかというよりも、「どういった要因によって夫婦間の分担の差が生まれているのか？」という問いです。

具体的には、二つの要因が考えられています。ひとつは時間で、もうひとつは経済力です。時間については、「時間に余裕のあるほう（たいていは女性）が家事を多くするだろう」という説明です。たしかに、家事は手の空いているほうがやったらいいのだ、という考え方は理解しやすいものです。次に経済力は、「家計に多くの収入をもたらしているほう（たいていは男性）が家事を余計に免除されるだろう」という説明です。夫婦ともフルタイムで働いている場合でも、夫が「なんだよ、オレのほうが稼いでるだろ」と言いつつ家事をしない、というパターンです。

はたして、日本においてはこの二つの要因は家事分担をうまく説明しているでしょうか。結論をいうと、「少しは説明している可能性がある」くらいです。筆者が全国調査のデータをもとに推計した結果によれば、食事の後片付け、日用品の買い物、掃除、洗濯といった代表的な家事について、一日の平均の妻の労働時間が夫のそれと比べて1時間長くなると、一週間あたりの家事の頻度の夫婦差が0・05〜0・08回ほど縮まる、というものでした。[*1] たとえば、夫が仕事時間を減らす、妻が働きに出るなどの理由で、夫婦の仕事時間の差が1時間縮まったとします。すると、食事の後片付けを夫が週あたり0・07回余計にやるようになる（あるいは妻がその頻度を0・07回減らす）、という平均的な動きが見られた、ということです。

これは実質的には「あまり影響がない」といえるレベルです。単純計算では、妻が一日あたり14時間余計に働くと、ようやく夫が週一回分余計に食事の後片付けの手伝いをするようになる、ということです。もちろんこれはありえない想定ですが、要するに、妻がいくら仕事をしても夫がまったく家事頻度を増やさない家庭がたくさんあるために、平均すればこのような結果になる、ということです。

収入の差については、私が分析した限りでは、影響がありませんでした。つまり、夫がすべて稼いでいる状態から、稼ぎの額が夫婦同じである状態まで妻が稼ぐようになっても、平均的には夫婦間の分担はあまり変わらなかったのです。

このように、少なくとも日本の家事分担には夫婦間の圧倒的な不公平があります。欧米社会ではこれよりもずいぶんましですが、それでも女性のほうが多めに家事をしており、それは時間の余裕や収入の差ではすべて説明することができません。

図5（104ページ）は、できるだけ労働時間と収入が夫婦で対等なケースを集めて、家

＊1　筒井・竹内（2016）参照。

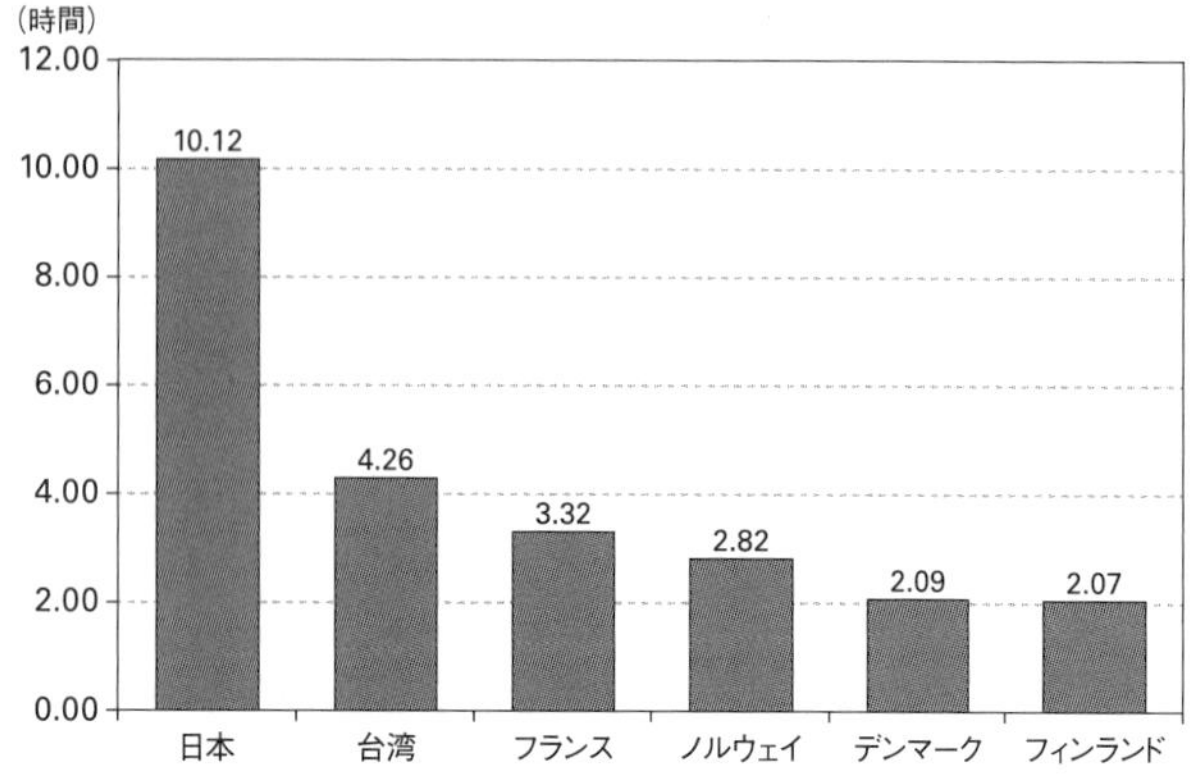

出典：筒井（2014a: 80 頁）の図4 を加工して作成。

図５　共働き夫婦における夫婦の週あたり家事時間の差（妻家事時間－夫家事時間）

事時間の差を国際比較したものです。日本の夫婦は、夫婦がほぼ同じ条件で働いて、同じくらい稼いでいても、妻のほうが週あたり10時間も多く家事をしている、という結果でした。分析対象となった国のすべてについて、やはり女性のほうが多く家事に時間を費やしていますが、その度合いは日本でかなり高めであることがわかります。

不公平の理由

こういうデータを見て、「まったくひどい状況だ」と感じる人もいるかもしれませんが、「そんなもんだよな」と考える方もいらっしゃるかもしれません。

いずれにしろ、研究者にとってみればこれ

は「説明すべき残された課題（謎）」です。というのは、「時間のあるほうが家事をする」「収入の多いほうが家事をしない」のだったら、ある程度合理的な説明になるのですが、実際にはほとんどそうなっていないからです。そこで、家事分担研究者たちは残されたギャップを説明する次の一手を考えます。

それは、「そんなもんだよな」と人々が考えているから、というものでした。「なんだそれは、説明になっていない！」と思った方もいらっしゃるかもしれません。補足すると、これは「イデオロギー仮説」と呼ばれている説明で、具体的には「夫は外で仕事をしてお金を稼ぎ、妻は家庭のことをする」という性別分業的な考え方に対して肯定的な態度を持っているかどうかで家事分担が決まるのでは、というものです。この性別分業態度を身につけている妻は、たとえ時間と収入の面で夫と対等でも、家事を多くこなそうとします。やはり保守的な性別分業を是とする夫は、逆に家事をあまり進んでしない、というわけです。

性別分業態度と家事分担の関係に関しては、アメリカの研究にはもうちょっとややこしい説明もあります。[*2] ひとつは、対等に働いていても、女性が家事を「手放さない」ケースに対

＊2　乾（2014：40頁）参照。

する説明です。簡単にいえば、女性が「家庭の責任者」としてのアイデンティティを維持したいがために、容易には夫の参画を認めない、ということです。

もうひとつは、妻よりも稼ぎの少ない経済力のない男性が、あえて家事をしないというケースに対する説明です。これは、「稼ぎ」によって男らしさ・男性の権威を表現することができない夫が、あえて家事をしないことによって男性役割を維持しようとするという、ちょっと情けない状態を指しています。男性は「稼ぐ」ことでその代わりに家事を免除されている、と私たちは考えますが、実際には「稼ぐ」ことができない男性にとっても（あるいは「稼ぐ」ことができないゆえに余計に）「家事をしない」ことが男性のアイデンティティになることがある、ということですね。

こういうことは職場でも往々にしてあることでしょう。ほんとうはタスクをシェアしたほうが効率が良いのに、「この仕事は自分の！」と頑《かたく》なになってしまう人や、あえて特定の仕事（ちょっとした雑務など）をしないことで虚勢を張っている人などですね。仕事というのは、職場でも家でも、かように役割意識やアイデンティティに絡むものなのです。社会学は、経済学的な効率性で説明できないこのような労働の側面をとらえるのが上手です。

ともあれ、このイデオロギー仮説は、家事分担を人々の意識や価値観から説明しよう、というアプローチです。実証的には、これも「ある程度」家事分担を説明しますが、それでも（時間・経済力要因とあわせて、せいぜい）分担の差の１割程度しか説明できないことが多いです。

もうひとつだけ、実証研究を紹介しましょう。それはやはり意識を媒介した家事分担の説明で、不公平「感」の分析です。日本では客観的に見れば女性が不公平に家事を負担しているのですが、多くの女性はそれをあまり不満に思っていないのではないか、と感じてしまうことが少なくないのが、データを見るなかでの実感です。それを「性別分業態度を身につけている」と言ってしまってもよいのですが、もう少しつっこんで考えると、別の説明も可能です。つまり、自分の周囲の女性（母親を含めて）が家事をより多く負担していると、それが「当たり前」だと思うようになる、という説明です。

実際、同じ程度家事負担が妻に偏っている夫婦でも、家事分担がより平等な国とそうではない国を比べてみると、平等な国の妻のほうが不満を感じやすい、という結果でした。[*3] 家事分担がより平等な国では、妻のほうがより多く家事をしていると、周囲の基準から見ても

＊3　不破・筒井（２０１０）参照。

「不当だ」と考えやすく、それが不公平感につながっているのだと考えられます。逆に日本のように家事分担がそもそも女性に偏っている国では、いくら女性が家事を多くしていても「そんなもんだ」と思ってしまって、不満につながりにくい、ということですね。

なぜ国は介入しないのか?

家事分担の不公平性に関しては、一般の方の議論に加えてこのようにたくさんの研究の蓄積があるわけですが、ここでもうちょっと根本的な疑問に突き当たった人もいるかもしれません。それは、これだけあからさまな不公平があるのに、なぜ国が介入しないのか、ということです。

たしかに、仕事・労働の世界では、明らかに労働にみあった報酬がもらえないということがあれば、当局(労働基準監督署その他の政府の関連部署)が介入したり、裁判になったりしても不思議ではありません。日本では不払い残業が横行していますが、これも本来ならば、公的機関から是正指導を受けることが当然だとほとんどの人が思っているはずです。

ところが、世界的に見ても家庭の家事分担に公的な介入があるというのは例がありません。せいぜい裁判になるくらいです。しかし少なくとも日本では、離婚の事由として認められるのはほとんどのケースでは不貞（相手の不倫や浮気）であり、そうではない要因については、民法上の「その他婚姻を継続し難い重大な事由」にあてはまるかどうかの判断になります。結婚生活の継続が困難になるほど家事分担が不公平であると、裁判で判断されることは稀《まれ》でしょう。

いずれにしろ、有償労働の世界ではかなり厳しい規制があるのに対して、無償労働の世界はそうではありません。これに対しては、一部のフェミニズム政治哲学の研究者からの問題提起がありました。スーザン・M・オーキンは、「正義の不徹底」としてこれを糾弾しています。[*4] 難しい議論はスキップせざるをえませんが、ようするに労働や政治といった公的世界では公正さがある程度重視され、公正ではない行い（雇用差別等）には当局の介入を許しているのに、家族の領域（私的領域）は野放しだ、おかげで、さきほど実証研究で示されてきたように、女性は余分な労働負担をすることになっている、というわけです。

もちろん、先進国の政府は一般に家族に関する決定をすべて家族に任せている、というわけではありません。家族任せにしていないものの代表が、相続でしょう。日本では、財産相

＊4　Okin（1989＝2013：第2章）参照。

続はある程度財産を残す人の言い分がとおりますが、残されるほうが一定（遺留分）の相続を要求する権利を法律が保障しています。他方で、きょうだいの誰に重点的に教育投資をするかは、法的な介入がありません。長子のみを大学にやらせて次男・次女以下には大学の学費を出さない親がいても、刑事告訴・告発することはできませんし、民事でもほぼ問題にされないでしょう。ただ、生前の子どもに対する不公平な扱いが、民事裁判を通じて相続に影響することはありえます。

現代のリベラリズムと呼ばれる政治哲学上の立場では、基本的には「公的世界を公平にしていれば、私的世界も徐々に公平になっていくだろう」という見込みが前提とされているようです。したがって、私的領域に政府が積極的に介入することを正当化する議論はほとんどありません。労働の世界を男女均等にすれば、自ずと家事や育児も夫婦で均等になっていくだろう、あえてそこに口を出すことはないし、そうするといろいろ不具合が生じかねない、というわけでしょう。

リベラリズムに対する一部のフェミニズムからの糾弾は、「そんなことはない、私的領域はほうっておいても公平にならない」という不満によるものです。たしかに、相続制度が平等化されたことも影響して、きょうだい間の不公平な取り扱いは減ってきているようです。

しかしこと労働となると、公的領域で男女均等が進んでも、私的領域では家事や育児の負担の多くを女性が担っている、という状態が続いています。

この問題は公的領域と私的領域の区別という、これからの家族のあり方を考える上でも重要な論点に関わりますから、また第五章で立ち返ります。この章では、もうちょっと家事や育児にこだわってみましょう。

第二節　家事と格差

家事サービスに求める水準が高まっても……

前節では、「家事分担」研究で何が問題になっているのかを書きました。ここからは、もうちょっと広い視野から無償労働について考えてみようと思います。

正確には無償労働というより、家族内で無償労働として提供されることもある労働について、です。家事、育児、介護は無償労働として行われることもあれば、家庭の外から調達されることもあります。外食は、食事というサービスを有償労働として提供している人たちの労働力を購入することです。保育のように、一部は公的資金によってまかなわれている労働もあります。一般に社会学では、育児（保育）や介護のことを「ケア労働」と呼んでいます。ケア労働の意味を広くとって、家事もそこに含まれると考えることもあります。

家事や育児、あるいは介護といったサービスについて考える際の論点にはいくつかのものがあります。ひとつには、「水準」です。つまり、どれくらいの質や量のサービスを欲するか、です。希望水準が高いと、家事・育児・介護にかかる時間は増えていきます。次に「技術」があります。技術が進歩すれば、育児はともかく家事の負担は減っていきます。もうひとつが「労働力」です。どのようにしてサービス労働を入手するか、という問題です。自分以外の労働力に頼ることができれば、自分の負担は減っていきますが、場合によってはお金がかかります。

希望する水準、省力化のための技術、そして労働力という三つの要素は、互いに絡み合っています。行き届いた家事サービスを得るために、最新の家電機器を使って自分で（自分の労働力を使って）家事をする人もいるでしょう。あるいはお金も時間もない人は、サービスの水準を落としていくこともありえます。他方でお金が余っている人は、最新家電と労働力を購入して高い水準のサービスを享受できるでしょう。

まずは水準について考えてみましょう。家事や育児に求められる水準は、地域や時代によってまちまちです。現在の日本人の平均的な家庭生活では、清潔な住居と衣服、温かくてそれなりにおいしい食事が提供されています。しかし、かつての労働者階級の家庭では、こういった条件を達成することは難しいものでした。

人々の要求水準というのは、経済的豊かさが増すにつれて上がっていくものです。現在でも、「きちんとした」食事を家庭で準備しようとすれば、ボタンひとつではいできた、というわけにはいきません。食材の買い物を含めて、かなりの時間と手間をかける必要があるでしょう。洗濯は洗剤と洗濯機の発明によって飛躍的に省力化されましたが（かつては家事のなかでも一番の重労働でした）、それでも仕分けて干してたたんで……となるとそれなりに時間がかかるものです。掃除に至っては、上を目指せばきりがありません。もちろん子育ても、かつてより格段に手間をかけて行っているはずです。

ともかく、家事やケア・サービスに期待する水準は総じて高まっているか、少なくとも一昔前と比べて低くなってはいないでしょうから、それが家事時間がなかなか短くならない理由として考えられます。

技術が進化しても……

次に考えるべきは「技術」です。モノの生産の世界でもそうですが、家事サービスやケア・サービスの「生産」においても、原材料、道具、労働力の組み合わせが必要です。食材を購入し、包丁やガスコンロで調理することもあれば、工場で生産された既製品を温めるだけ、のこともあるでしょう。技術はそこに様々なかたちで関わってきます。

食事サービスに革命的な変化をもたらした技術といえば、冷蔵・冷凍技術でしょう。食材の保存技術ということでいえば、燻製《くんせい》の技術は実に1万年以上前から存在したようです。しかし冷蔵・冷凍技術は、素材の状態で食材を保つことができる画期的なものでした。また、冷凍食品やフリーズドライの技術も、食卓のかたちを大きく変える影響力がありました。水道やガスも整備され、冷蔵庫も普及しています。インフラが整備されていない時代には、水汲《く》みや火起こしは重労働でしたが、私たちはそういった労働からは解放されました。

洗濯や掃除についても、はっきりとした技術の進化がありました。さきほども触れましたが、洗濯機や洗剤の発明は家事の労力を大幅に減らしたといわれています。[*5] 現在の家庭では、洗濯のなかで最も労力を使うのは「干す」ことか「たたむ」ことでしょうが、かつてはまさに（洗濯板やたらいを使って）「洗う」ことだったのです。

とはいえ、洗濯は自動化がある程度進んだのですが、「折りたたみ」まではまだまだです。2015年に、大手の家電メーカーらが「全自動洗濯物折りたたみ機」の試作機を発表しました。試作機（実に一部屋くらいのサイズがあります）では、服1枚あたり5〜10分でたたむことができるようです。製品化されれば40枚を3〜6時間でたたむことができるそうです。高価格になりそうなことをさておいても、多くの人々が洗濯物をたたむ作業から解放されるのはとうぶん先になりそうです。

「夕食の用意」「家の掃除」の割合

さて、不完全ながらもいろいろな技術の進展があったのにもかかわらず、私たちは相変わらず家事に悩まされています。それは、やはり「水準」の問題もあるからです。家事やケア・サービスの要求水準について、歴史的な変化を見ることは難しいのですが、間接的なデータを示してみましょう。

表1（116ページ）は、2008年のJGSS（日本版総合的社会調査）のデータから、

＊5　柏木（1999：16頁）参照。

		母親非同居		母親同居	
		無配偶	有配偶	無配偶	有配偶
夕食の用意	男	57%	14%	11%	10%
	女	89%	94%	33%	85%
家の掃除	男	30%	11%	9%	9%
	女	59%	65%	21%	62%

出典：JGSS-2008より筆者集計。60歳以下限定、パート、自営業、無職等を除く。また、同棲している者を除く。

表１　フルタイムで働く男女の家事頻度（「毎日」「週に数回」の回答の割合）

フルタイムで働く男女それぞれについて、配偶者がいる人たちといない人たちで、「夕食の用意」「家の掃除」を週に数回、あるいは毎日行っていると回答した人の割合の違いを示したものです。左側が母親（義母含む）が非同居の場合、右側が同居の場合です。少しややこしい表なのですが、たとえば左上の「57％」という数値は、母親と一緒に暮らしていない無配偶の男性（独身一人暮らし男性）の57％が、夕食の用意を自分で週に数回あるいは毎日行っている、ということです。

いろいろ興味深いデータです。まず、男性は結婚していないときもそれほど熱心に家事をしませんが、結婚するとこの傾向が加速します。母親と一緒に住んでいる男性と、妻がいる男性の家事の程度はほぼ同じですから、やはり日本の男性にとって妻というのは、お母さんの代わりであることが多いのでしょう。

ただ、ここでは少し違うところに注目してください。無配偶で母親と同居していないときの夕食の準備の頻度ですが、男性は57％が「週に数回」あるいは「毎日」行っていますが、女性では実に89％が「週に数回」あるいは「毎日」と回答しています。所得水準の違いもあるでしょうし、必ずしも外食のほうが質が低くなるわけではないでしょうが、食費の節約のために自炊することを厭《いと》わず、また、健康その他の観点から手作りの食事に価値を置く女性が多いことがうかがわれます。ですので、結婚後の「すり合わせ」には男女ともそれなりにストレスが生じるかもしれません。夫が「たまには外食でいいじゃん」と思っていても、妻はそれが我慢ならないこともあるでしょう。

次に注目して欲しいのが、やはり母親と同居していない女性の夕食の用意と掃除について、無配偶の場合よりも有配偶の場合のほうが数値が高くなっている点です。つまり、結婚して夫と家事を分担して負担が減った、ということにはならず、むしろ家事で忙しくなるというわけです。もちろん、子どもがいるといないとでは家事の頻度も違ってきます。それなりに家事の水準を高めよう、という思惑も働くでしょう。それでも、夫があまりあてにならない現状がやはり見えてきます。

ついでですが、具体的にどれくらいの時間が家事にあてられているのかを、別の統計から見てみましょう。図6（118ページ）は、4ヶ国の民間の会社に正規雇用された有配偶男

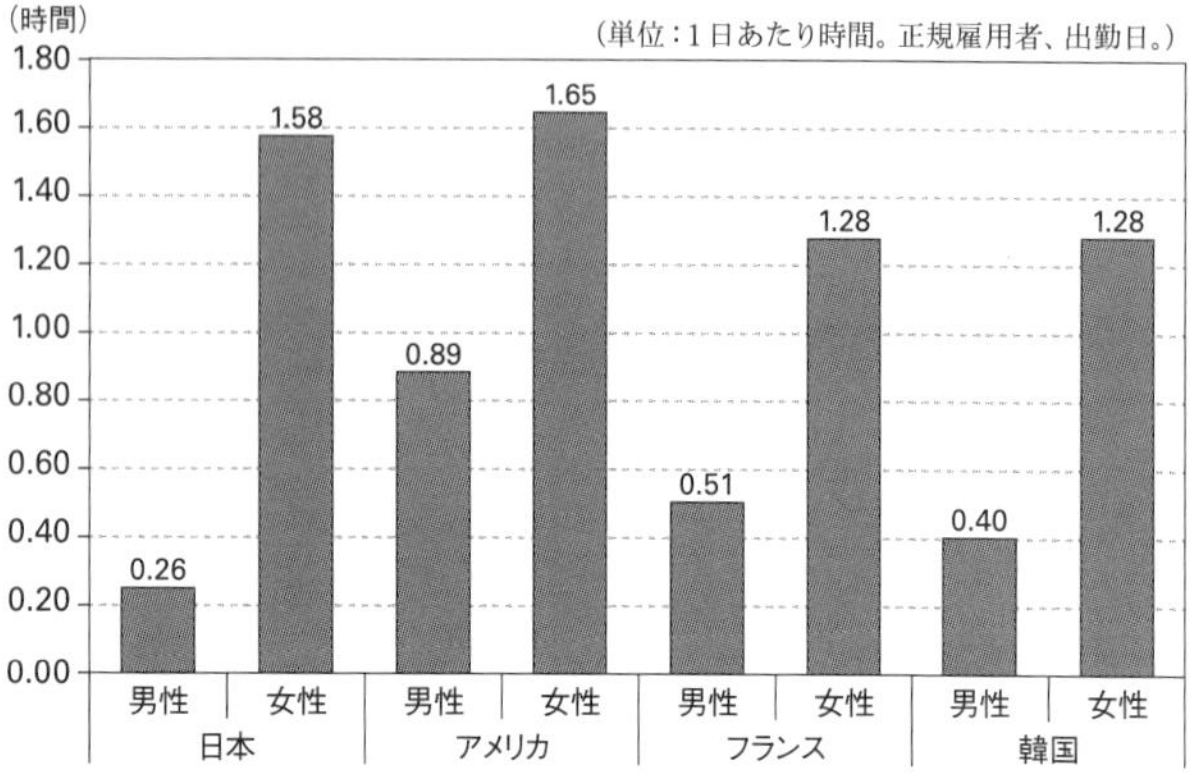

出典：労働政策研究・研修機構（2015）『データブック国際労働比較2015』第9-18-1表より筆者作成。

図6　国・性別ごとの1日あたり平均の家事時間

女について、一日あたりの平均的な家事所要時間（「炊事・洗濯・買い物など家事にあてる時間」）を示したものです。日本人男性の家事時間の短さが目立ちますが、ここではそれぞれの所要時間の長さに注目してください。

特に女性については、どの国でも家事時間は1時間を切っていません。グラフには示していませんが、非正規雇用に限るともっと長くなります。非正規雇用の日本女性の平均の家事時間は2時間半です。もちろん、平均的な有償労働時間に比べれば2時間半という家事時間は短いのかもしれませんが、技術が進歩しても人類は家事から解放されているとはいえないようです。

ここでは示していませんが、乳児の育児・

保育となると、それこそ24時間体制です。しかも、育児は家事と比べて技術発展の恩恵が反映しにくい労働です。紙オムツ、ベビーカーの性能向上などが多少は負担を減らしているのかもしれませんが、介護を含めて、ケア労働というのは技術発展が大幅に労働量を減らすことがないタイプの労働なのです。[*6] 非常に安価で高性能のロボットが開発されれば別かもしれませんが、少なくとも近い将来には実現しないでしょう。

家事は「スーパーで買う」わけにはいかない

以上、家事サービスやケア労働について、それなりに技術の進展が私たちの労力を減らしている部分はあるものの、技術が十分に発展しきれていないこと、家事や育児に対する希望水準そのものが上がっていることによってその効果が相殺されていることを論じてきました。

要するに、多かれ少なかれ人間の手を使って家事、育児をする時代がまだまだ続いているわけです。これだけテクノロジーが発展して、地球の裏側にいる人とリアルタイムでビデオ通話することができる現代社会で、私たちは相変わらず自分たちでお米を研ぎ、お風呂を掃

＊6　筒井（2015：149頁）参照。

除し、部屋の掃除をし、服をたたんでしまっているのです。

もちろん、かつて家のなかで行われていた家事サービスのなかには、技術の発展とそれにともなう工業化、そして商品化によって、家の外——それも遠く離れた外国——に移ったものもあります。その最たるものが、これまで何度か触れてきた「服を作ること」です。服を作る作業は、現在の私たちからすればもはや家事ではないでしょう。日本の結婚している女性はいまでもほぼ毎日夕食を作っていますが、40歳代、あるいはそれより若い人たちのなかには、一度も裁縫をしたことがない人もたくさんいるはずです。お母さんから裁縫をならったことのある人もほとんどいないのではないでしょうか(かくいう私も、ボタンの縫い付けくらいしか習った記憶がありません)。

しかし、女性が家庭での裁縫から解放されたのはそれほど古い時代ではありません。都市化がずいぶん進んだあとでも、女性たちは裁縫にかなりの時間をかけていました。家政学者の大森和子らの調査では、1930年代、東京の中流家庭でも妻は家事時間の4割以上を裁縫に費やしていました。[*7] 現在では、大量生産とグローバル化(海外生産)により服飾品の価格がずいぶんと安くなりました。そのため、自分で服を仕立てなおしたりつぎはぎをしたりすることもないどころか、破れてしまったら新しい服を買うほうが多くなりました。

このように、工場で作られたものを消費するという生活スタイルがどんどん浸透していくのですが、それでも食事や洗濯、掃除はまだ残っています。洗濯はさておき、食事や掃除については、やはり「その場」でサービスを提供することが重視されていることが、外部化に歯止めをかけている原因です。工場で作られた食べ物を温めて食べるよりも、家庭で作ったもののほうを私たちはありがたがります。掃除に至っては、「スーパーで買ってくる」わけにはいきません。

家事労働やケア労働以外の分野では、機械を使う労働でもそうではない労働でも、協働して効率的に生産を行うというやり方が発達しました。もちろん食事サービスについても、工場で大量生産する場合にはこれにあてはまりますし、有償のクリーニングサービスもありますので、掃除機や洗濯機など家庭に普及している機器の生産も併せて、工業化が家事サービスを効率化している側面はたしかにあります。それでも私たちの負担感が十分に減っているとはいえないのは、やはりそれなりの質のサービスを期待するならば、自分を含めて「人手」に頼らざるをえないからです。というのも、家庭のなかで、その場でサービスを提供で

＊7　大森（1981：238頁）参照。

きるのは「人」だからです。掃除サービスをスーパーの棚に置くことはできませんが、人を雇ってやってもらうことはできます。

「所得格差」と「家事使用人」

というわけで、ようやく先ほど三つあげたポイント（水準、技術、労働力）のうち、最後の労働力の話をする段階にたどり着きました。前節の家事分担の話では、女性の家事負担を減らす手段として当てにされていたのは、夫でした。しかし残念ながら、少なくとも日本の男性はほぼ「戦力外」の状態です。男性に頼らないとすれば、他には誰がいるでしょうか。

何よりも親族、特に親が考えられます。再び表1（116ページ）を見てください。有配偶女性の夕食の準備については、母親非同居の場合には94％、同居の場合には85％です。家の掃除については、65％から62％に下がります。つまり、母親、あるいは義母がいることで、多少は家事頻度が少なくなっています。ただ、結婚していないときの下がり具合（夕食の準備については、母非同居で89％だが、同居だと33％まで下がる）に比べると、ずいぶん小さな減少幅です。

では、非親族の家事使用人についてはどうでしょうか。第二章の第三節で触れましたが、かつての日本でも、経済的に豊かな家族については、家事使用人のいる家庭は普通でした。現代でも、北米や一部の東アジアの地域（台湾や香港、シンガポール）では家事使用人のいる家庭が多く見られます。そういった家庭では、主に海外からの移民労働者や、出稼ぎ労働者の女性が家事や育児をしています。

さて、かつての日本と、こういった国々に共通する特徴とはなんでしょうか。実は、この特徴によって、人々は家事や育児において親族ではない人を有償で雇うことができるのです。それは、所得格差です。具体的には、使用人やケア・ワーカーを個人的に雇うことができる人たちと、雇われる人たちのあいだの所得格差です。この格差が大きいところでは、そこそこ裕福な家庭であれば使用人を雇うことができます。

明治期、大正期、そして昭和期でも、第二次世界大戦後の経済成長期の前までの日本では、まだまだ国内の家庭の経済格差が大きく、比較的豊かな市民層と呼ばれる人たちは、貧困層の女性を使用人として雇うことができました。いわゆる「女中」です。特に大正期も終わりにさしかかる、１９２０年ころからの日本は深刻な不況（第一次世界大戦後の戦後不況）にみまわれ、農産物価格も下落し、農家から多くの若い女性が女中として都市部の家に送られました。

現在では、家事分担といえば妻と夫とのあいだでのものですが、当時の都市部中流階層では、家事分担といえば「主婦と女中」のあいだでの分担でした。

先の大森の調査によれば、主婦が主に行っていた家事は「御用聞きに注文」「裁縫」「来客のもてなし」などでした。若い人だと「御用聞き」といっても知らない人がいるかもしれませんが、当時、食料品等は買い物に行くよりは、お店から家に注文を聞きに来ることが一般的でした（『サザエさん』に登場する三河屋のサブちゃんですね）。

これに対して、女中が主に行っていたのは「ぞうきんがけ」「火おこし」などでした。当時はガスが普及する途上で、かまどに火を入れるのは重労働でした。しかも早朝からの作業なので、余計に大変です。主婦と女中のあいだの家事労働の配分を見ると、一般的に主婦は管理的あるいは創造的な仕事をしていたのに対して、女中はどちらかといえばマニュアル（肉体）労働や雑務をこなしていたようです。

こういった家庭では、ほとんどの場合、家族（親族）と使用人は食卓を別にしていたようです。とはいえ、使用人と家族とは、いつの時代もどこの地域でも一緒に食卓に並ばないわけではありません。アンシャン・レジーム期のヨーロッパ農村では、使用人と家族が食卓をともにしている例があります。使用人と雇い主親族が同等の扱いであったかどうかは、両者のあいだの経済・身分格差や、家が経済活動の拠点になっているかどうかで変わってくるようです。家業や農業の家庭の場合、家事と生産のあいだの区別があいまいになるので、家事使用人もどちらかといえば「従業員」の扱いになったのでしょう。

近代化以前の段階での使用人の存在は、実は必ずしも所得格差を前提としません。所得格差が小さい社会でも、会社のなかには様々な仕事をする人がいるのと同じで、家が生産拠点であれば、自ずとそこには従業員が入ってくるわけです。これについては、またあとで整理しましょう。

「利用」される格差

さて、日本も明治期の産業革命を経て工業化が進み、徐々に家庭と仕事場が分離していきます。すると、従業員は仕事場に移っていきます。ならば使用人は家からいなくなるのでは、と考えたくなりますが、実際には違いました。明治期から第二次世界大戦後の経済成長期が始まる前までの日本では、世帯の所得格差が大きかったため、すでに家は生産活動の拠点ではなかったのですが、上流階級のみならず、比較的豊かな中流の家庭でも家事使用人を雇うことができました。サザエさんの家では家事使用人を雇ってはいませんが、実はサザエさん自身が家政婦として裕福な家で働いていたこともあります。家政婦とは、住み込みではなく通いで家事や育児をする女性です。

経済成長期に全体的に所得が上昇し格差が縮小すると、よほどの高所得の家庭でない限り、家事使用人は家庭のなかから姿を消していきます。工場やオフィスに雇用されてそこそこの給料をもらうようになると、それよりも高い賃金を払わなければ、その人を家事使用人として雇い入れることはできないからです。このように、日本での家事使用人の雇用は国内の所得格差が背景にありました。

ただ、これはどの地域でも同じです。19世紀のイギリスは産業革命後の経済発展の成熟から、国内での所得格差が極端に大きい社会でした。まさにその時期に、家事使用人（サーヴァント）はイギリス女性の最大の職業集団となったのです。同時期のアメリカも所得格差の大きな社会でしたが、そこでも（「間借り人（ボーダー）」といった呼び方でしたが）同様に数多くの非親族同居人が存在しました。[*8]

「利用」される格差はなにも国内の格差に限りません。現在の北米や東南アジアでは、利用されているのは国内外の所得格差です。海外――特に東南アジアや中南米――から移民あるいは出稼ぎでやってくる女性は、国内のサービス労働者と比べて比較的低い賃金でも働く意欲を持っているので、そういった人たちを家庭で雇うわけです。

北米、特にアメリカは現在所得格差が大きくなっており、国内の非白人の女性を家事・育児労働者として雇用している中流階級の家庭がたくさんあります。遡《さかのぼ》って１９００年代の前半も、アメリカでは労働力の３％前後（数にして２００万人前後）の家事労働者がいました。*9

有名なアニメ『トムとジェリー』に、黒人らしき女性の家事使用人が登場するのを覚えている人がいるでしょうか。最初の『トムとジェリー』が作られた１９４０〜１９５０年代のアメリカでは、まだ中流家庭には家事使用人が残っていました。しかし、この数値は１９６０年代以降の経済成長期に顕著に小さくなり、１９９０年代ではついに１％を切るまでに減っていきます。ところが、保育労働者を含むケア・サービス提供者は、２０００年を境に再び上昇に転じるのです。*10 所得格差と家事・育児使用人の存在が連動していることがよくわかります。

＊8　Anderson（1980＝1988：訳28頁）参照。
＊9　Duffy（2011: p.25）参照。
＊10　同（p.32）参照。

ここで少し頭の整理をしましょう。そもそも社会のなかで所得格差が減ると、なぜ家事使用人を雇う家庭も減るのでしょうか。それは第一に、家事労働にはかなりのコストがかかるからです。一人の家政婦が同時にサービスを提供できる家庭は、一日にせいぜい数個、場合によってはひとつだけです。育児や介護についてもそれは同じです。パソコンの生産のように、工場で大量生産してコストを下げていく、というわけにはいきません。次に、食事の用意、掃除、保育、介護、すべてサービスを受ける人がいる「その場」で労働力が提供されていなくてはならない、という事情があります。つまり、パソコンのように輸入ができないため、外国で安く生産して価格を下げることができません。サービスの提供者はサービスを提供する場所に「いる」必要があり、そのため他に就くことができる仕事の賃金が上がると家事使用人の賃金も上げないといけません（さもないと他の仕事に逃げていってしまいます）。

このようなサービスの特性から、どうしても家事のコストが下がらず、労働力を購入しようとすれば、ある程度所得水準が低い人たちがいることが前提となるわけです。もちろんすごくお金持ちの人ならば、その限りではありません。日本でも、専属のお手伝いさんを月30万円で募集すれば、応募する人はいるでしょう。ただしすべての家事・育児を一人で担当する場合、拘束時間が早朝から深夜に及びますから、30万円では足りないと感じる人がいるかもしれません。いずれにしろ、これだけの高額の報酬を日本の中流階級の家庭が支出することは難しいでしょう。

第三節　家事労働はこれからどうなるか

「家族」の枠をはみ出す問題

すでにご理解いただけたと思いますが、私たちが必要としている家事や育児などのサービスをいかにして獲得するかという課題において、家事分担、あるいは育児分担の問題はその一部にすぎません。家事にしろ育児にしろ、特定のサービスをどうやって、（自分を含めて）誰から受けるのか、というより広い観点が必要です。つまり、家事サービス、ケアサービスのあり方の説明は、どうしても「家族」の枠をはみ出してしまいます。そうしないと、一貫した視点からの説明ができないからです。

前節では、サービスを民間から調達する際の条件についてお話ししました。それは、所得格差でした。もちろん、それ以外のあり方も考えられます。北欧社会や一部の大陸ヨーロッパ社会では、育児や介護といったケア・サービスのほとんどは公的機関によって提供されています。各々の家庭が家計から直接ケア・ワーカーに報酬を支払うのではなく、税金や社会保険料として、一度政府が徴収したお金を使って政府がケア・ワーカーを雇用したり、民間企業に委託したりして、サービスを提供するわけです。これを「社会サービス」といいます。日本でも、保育や介護においては部分的にこのような仕組みを作り上げています。

大雑把に分けてしまうと、私たちの家事とケア・サービスの入手先としては、家族や親族、民間セクター、そして公的セクター（政府）の三つがあります。家事サービスが公的セクターによって提供されることはあまりないので、「家族・民間・政府」という図式は、しばしばケア・サービスの提供のあり方を説明する際に使われる枠組みになります。

ここで、「お金持ちしか利用できないような民間のサービスより、庶民でも利用できる公的サービスのほうが良い」と考える人は多いのではないでしょうか。私も個人的にはそう考えています。ただ、これで「問題解決」というわけにはいきません。

「ヨーロッパのいくつかの国では、大学の学費がタダ！」といった言い方を目にすることがありますが、もちろん大学の教育にコストがかかっていないわけではないですね。そんなことになったら、大学の先生たちはすべてボランティアで働くことになってしまいます。むしろ、かかるコストが高いからこそ、「タダ」、つまり窓口負担がゼロになるのです。民間に任せておくと低所得者が利用できないくらいコストが高いからこそ、所得格差が利用の有無に反映しないようにするために、政府が公的資金でサービスを提供するわけです。

少し難しい言い方をしますと、家事サービスやケア・サービスを提供する人を雇用するコストは、同レベルの労働技能を持った人がその他のタイプの労働をしたときに得られる賃金と同じか、あるいはそれを上回る必要があります。これは、東京などの賃金水準が高い地域で保育士が不足する理由でもあります（実際、本書執筆時点の統計を見ても、東京都の待機児童数は突出して高いです）。政府からの補助金がなければ、保育士に支払う必要のあるお金はかなりの高額になります。補助金が少ないと、保育士の報酬を一定以下に抑える必要が出てきますので、「他の仕事をしたほうが稼げる」ようになってしまい、保育士のなり手が少なくなるわけです。

要するに、国内外の所得格差を「利用」できない、あるいはしない場合には、政府からの多額の補助金がなければケア・サービスは十分に提供されません。北欧社会では、社会サービスを得るために政府に支払う税金や社会保険料はかなり高い水準になります。いわゆる「高福祉高負担」ですね。

家事・ケア提供の「分岐点」

このように見てみると、私たちの現代社会は、家事やケアの提供について、ちょうど「分岐点」にあることがわかります。このことを示すために、単純化を恐れずに歴史を追ってみましょう。

家が経済活動の拠点だった段階では、有償労働も無償労働もあいまいにしか区別されていませんでした。家事使用人は職業使用人に混ざって家のなかでせっせと働いていました。家長からすれば、親族の他のメンバー（妻や子ども）も使用人も同じく従業員のようなものですから、食卓をともにすることも珍しくありませんでした。この段階では、所得格差がなくても使用人が家に住み込んでいました。

産業革命と工業化は、このような家事・ケアのあり方に二つの大きな変化をもたらします。ひとつには工業化によって家庭と仕事場が別になること、もうひとつは資本家と労働者のあいだの所得格差が広がっていくことです。家庭と仕事場の分離によって、職業使用人は家から工場やオフィスに移っていきましたが、家事使用人はむしろ所得格差によって増えていきました。この時期から、「家のなかにいる親族でない人」といえば「女中」、あるいはパートタイムの（住み込みではない）「家政婦・お手伝いさん」というイメージが固まっていきます。

統計上は「家事使用人」と呼ばれることが多いのですが、実際には主婦と協力して育児も行っていました。

次に、経済成長が進むと労働者階級の所得も上がっていき、女性は未婚のうちは工員あるいは事務員として働きますが、既婚女性は専業主婦になって夫の稼ぎに依存するという性別分業が一般化していきます。所得格差の縮小によって家事使用人やケア・ワーカーを雇うコストが高くなるため、家庭から非親族が消えていきます。第二次世界大戦後の豊かなアメリカの中流家庭でも、かつてはたくさんいた（たいていは黒人の）家事使用人は徐々に姿を消していきました。家事とケア労働は、もっぱら妻によって、家電製品などの技術の助けを借りながら行われるようになります。これが広くとって１９７０年くらいまでの話です。

その後、１９８０年代くらいからは、同じ経済先進国でも国によって様子が異なってきました。何よりも経済成長のストップによって、男性の失業率が上昇したり、賃金の上昇幅が小さくなったりしたことが、家族生活にも少なからず変化をもたらしたのです。日本では、相変わらず妻が家事・ケアのほとんどを担う性別分業が維持されました。職場は基本的に「妻のいる男性」を想定した働き方を要請するので、ケアの役割を担う女性はそこに容易に入り込めませんでした。

これに対して、北欧社会やアメリカでは「夫婦共働き」が本格化しました。日本のように、妻のパートタイム就業が夫の収入の不足分を補うのではなく、フルタイムで夫婦二人で家計を支える、という意味での共働き社会の到来です。ただ、これを可能にした条件は北欧とアメリカとでは異なっています。夫婦共働きの家庭では、専業主婦家庭と違って、家事や育児の分担が大きな問題となってくることはすでに述べました。この問題の解決の仕方が、社会によって異なっているのです。

「ケアが外部化」される現代社会

現代の先進国では、家事の負担はそれなりに減ったのですが、ケアばかりはどうしようもありません。共働きの夫婦は、なんらかのかたちで家族の外部を頼ることになります。ここで、(次章で見るように)民間のケア・ワーカーを雇う北米流の「解決法」と異なった方向を歩んだのが、北欧社会でした。

北欧社会では、さきほども述べたように、ケア・サービスの多くは政府から供給されています。たとえばスウェーデンでは、雇用された女性の多くは、政府に雇用されたケア・ワーカーです。政府を経由したサービスの供給を行うことで、北欧社会は所得格差が小さいにもかかわらず、ケアの社会化（外部化）を実現できています。

このことは、北米と同じ「共働き」といえども、少し違った構造を帰結しました。つまり、ある意味で女性は相変わらずケア労働をしているのです。ただし、家庭内で無償で提供していたケア労働は、いまや有償労働となり、女性は他の家族の子どもや高齢者をケアしている、ということです。男性も女性もともに有償労働をしているのですが、異なった職種についている、ということです。これを社会学では「性別職域分離」と呼んでいます。

このため、北欧の民間企業の世界はアメリカに比べればまだ男性的な世界になっています。民間企業の女性の管理職比率もアメリカに比べれば低い水準にとどまっています。


さて、家事・ケア労働について、少し歴史を遡りつつ、段階を追って話をしてきました。さきほど、現在は「分岐点だ」と書きました。これは、何よりも日本の家事とケアについてあてはまります。「家事と育児を夫婦で分担する」ことは、ある程度共働き社会にともなう問題を緩和することでしょう。しかし、他の国の経験を見るにつけ、それだけではどうもうまくいかなさそうなのです。

もちろん、「日本の男性が家事・育児をしない」のは大問題です。もっともっとやるべきだと私も思います。しかし、それだけで家事とケアの問題が解決するかどうかは、微妙です。アメリカのように所得格差を利用して使用人を雇用する方向に行くのか、それとも北欧のように公的雇用を増やすのか。どちらも日本人にとっては考えにくい方向性です。外国からの移民に対する抵抗感はまだまだ強いし、ましてや家族でない人が家庭のなかに入ることに対してはより強い抵抗感があるでしょう。それ以前に、国内外の経済格差を利用することは決して「望ましい」ことではありません。公務員については、増やすどころか「減らせ」という声が大きいのが現状です。日本の公務員の割合は（広くとっても）同レベルの経済水準の国に比べて最低レベルなのに、です。

私自身は、財政に余裕ができれば（それは経済学者に任せますが）ケア労働に対する公的資金の投入をもっと大規模に行うべきだ、と考えています。一長一短ですが、弊害が少ないのは北欧社会のモデルではないか、と考えているからです。

第四章

「男女平等家族」がもたらすもの

第一節　「平等な夫婦」は目標になりうるか？

共働き社会への移行

前章の終わりのほうで見てきたように、「共働き」は、現代の先進国の家族や社会を描写する上で極めて重要な要素です。

「男性稼ぎ手＋専業主婦」社会から共働き社会への移行は、ひとつには産業構造の変化が背景にありました。つまり、先進国の経済が「脱工業化」したことです。オフィスワーク中心の働き方が普及し、また女性も高学歴化していくにつれて、女性が再び有償労働の世界に戻っていったわけです。ただ、もうひとつの背景は男性の雇用の不安定化でした。欧米では、軒並み10％を超える規模の男性の失業が生じます。特に若い男性は頻繁に職からあぶれてしまいます。若者はそこで、近しい人（たいていは異性）と同居し、「食べていくために」ともに稼ぐことで困難を乗り切ろうとしたのです。

日本では、社会学者の山田昌弘が指摘するように、[*1]必ずしも「高校を出たら自立しろ」というプレッシャーが厳しくあるわけではありません。大学生でも、自宅から通えるならば自宅通学をするほうが自然だと考えられています。「大学生にもなって親と一緒に住んでいるなんて……」という目で見られることもないでしょう。女性についていえば、働いていながらも結婚までは実家暮らし、ということは決して珍しくありません。

そのこともあり、「（親ではない）誰かと一緒に生活しよう」という解決法が日本では一般化しませんでした。若い女性からすれば、あまり稼ぎのない彼氏と一緒に生活するくらいなら、彼氏の二倍ほども稼ぎのある父親と一緒に生活したほうがずっと豊かな生活をすることができます。しかも父親は、同棲している彼氏と違って「家賃折半ね」などと言ってくることはありません。何よりも、食事も掃除も洗濯も彼氏はやってくれませんが、母親は完璧にやってくれるのです。結婚するという選択肢は、よほどよい条件があるか、年齢的に差し迫って、ではないと選びにくくなるでしょう。

欧米社会（すべてではありませんが）では、若い人はともに暮らし、家事を分担してなんとかやっていくのです。女性も男性と同じくフルタイムで働くことが多いですから、当然日本の（妻つき）男性のように長い時間働くことはしませんし、女性が働きやすいようにするた

＊1　山田（2007）参照。

めの様々なサポート制度や労働規制が発達しました。いわゆるワーク・ライフ・バランスの実現です。

このように書くと、未婚化のすべての原因が成人しても親と同居することにあるように読めてしまいますが、必ずしもそうではないでしょう。働きやすい環境がもっと整えば、親元から離れる女性、そして誰か（異性も選択肢でしょう）と一緒に生活しようとする女性は増えていくかもしれません。何よりも、職場と実家が離れている人にとっては、親からの自立（少なくとも住環境という点での自立）は前提です。にもかかわらず、日本の企業のなかには働きやすい環境を整えず、まだまだ「女性は実家通い前提」としているところがたくさんあるようです。

海外のパラサイト・シングル

ところで、親元からの自立のプレッシャーが小さいという点では、イタリアも同様です。他のヨーロッパの経済先進国（フランスやドイツ、イギリス）に比べて、イタリアの両親と同居する若者の割合は極端に高いといわれています。これは、イタリアの若者（特に男性）が母親との強い情緒的絆を持っていることに一因があるといわれています。

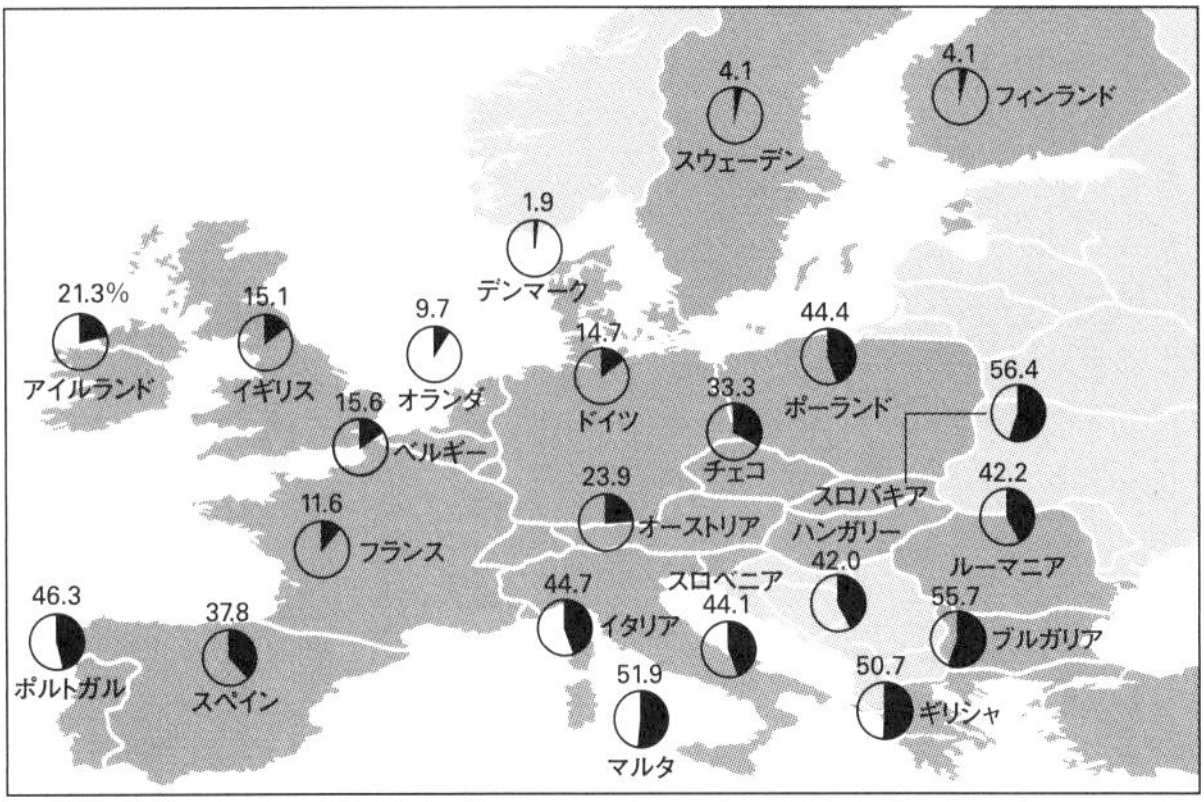

出典：Spiegel Online International の記事「Hotel Mama: Bad Economy Has Young Europeans at Home」(2013/1/15) より引用、一部加工。

図7　ヨーロッパの親元で暮らす若者の割合

とはいえ、文化がすべてを説明するわけではもちろんありません。図7は、ドイツのシュピーゲル誌がEurostat（EUの代表的統計）をもとに作成した、親元で暮らす若者（25〜34歳）の割合を示すグラフです。経済が不調な東欧や南欧では、割合が高くなっています。もっとも、これだけだと「やはり文化なのでは？」と考えたくもなります。家族の価値を重んじるカトリック諸国で一般に親との同居率が高いことも、ある程度の文化の影響があることを示唆しています。

しかし、そうばかりともいえません。典型的な「共働き社会」であるはずの北米と北欧を比べてみると、この間の動向に違いがあります。図7が示すように、北欧社会は突出して高い若者の自立度合いを誇っています。デンマークに至っては、親と同居している25〜34歳の若者は2013年時点でたった1・9%しかいないのです。ついでスウェーデンとフィンランドの4・1%が続きます。

これに対して、アメリカとカナダでは最近、若者の自立について目立った変化が観察されています。アメリカには「ミレニアル世代（Millennials）」と呼ばれている世代がいて、たいていは1980年から2000年ころに生まれた人たちのことを指しています。このミレニアル世代が、自立志向の強かった先輩たちと違って、どうも自立せずにいつまでも親元に住み続けているようなのです。

アメリカの連邦準備銀行のレポート（"Why Are More Young Adults Still Living at Home?", 2015/10/26）によれば、2012〜2013年、25歳の若者の実に約半数（48・8%）が親元で暮らしています。25歳時点の数値であるため、25〜34歳についての先のヨーロッパ諸国の統計と単純に比較することはできませんが、かなり高い水準です。1999年ではこの数値は25%くらいだったといわれていますから、15年もしないうちに「パラサイト」の数が2倍近くになっています。

この変化の背景にあるのが、経済の不調です。リーマン・ショックに端を発する大不況

(Great Recession) 期は若年層の失業率が高かったのに加え、あまり待遇の良くない企業に就職したために賃金が思うように伸びていない、という事情があります。もちろんリーマン不況は他国の経済にも深刻な影響を及ぼしましたが、アメリカの学生には、学費の個人負担が少ないヨーロッパとは違った事情があります。大学に通うのに学生ローンに頼ることが多いアメリカの若者は、ろくな働き口もなく稼ぎも少ない場合、ローンを返済するのに四苦八苦で、たとえ誰かとともにであっても、独立した暮らしを始めるのに必要な住居費を準備できないのです。

私は２００９年９月から一年間、まだリーマン不況の影響が冷めやらぬ時期にカナダのトロントに滞在していました。カナダでも多かれ少なかれ、若者の似たような苦境が報じられていました。大学卒業後に職が見つからないため、一人暮らしを断念した多くの若者が親元に戻っていくのです。彼らのことを、手放しても手元に戻ってくるブーメランになぞらえて「ブーメラン・キッズ」と呼ぶそうです。イカした呼び名とは裏腹に、ブーメラン・キッズは意気消沈してしかたなく両親と一緒に住むはめになっているのです。

「結婚・出産が当たり前でない世界」

いつまでも自立できずに親元にいる子どもというのは、結婚すれば親元を離れるのが一般的であった一部の前近代ヨーロッパ社会でもしばしば見られたようです。天候不良による不作や片方の性別（たいていは男性）の不足などのなんらかの外的要因から、若者たちの結婚すなわち独立が遅れることがありました。[*2] これは、当時のその地域では、結婚がすなわち親からの別居を意味していたため、条件が整わない限り結婚を先延ばしして親と一緒に生活していた、ということです。

このように、一般に前近代の西ヨーロッパでは、結婚や出産のタイミングは経済状況に敏感に反応するものであったようです。南イングランドのある地区の記録によれば、農業不作のときの女性の平均初婚年齢は30歳にもなったそうです。[*3] これはほぼ現在の日本人女性の水準です。すでに述べましたが、前近代においては家族は生産活動の拠点であり、そうであるからには生産の形態やその好調・不調（主に不作）によって家族の形や形成が大きく影響を受けました。この意味では、「昔は家族の形は安定していて、いまは不安定」というわけではありません。戦後の経済成長期に安定した雇用が大量に供給されたことが、例外的に安定的な家族形成を可能にした、と考えるほうが実際に近いでしょう。

第一章では、産業化による雇用労働の普及が個人（特に男性）の「家」からの経済的自立を促した、と論じました。それはその通りでしょうが、経済的条件が整わない限り結婚に踏み切れないというのは、近代社会に限らずいろいろなところでみられた現象です。むしろ各国の経済成長期のように、ほぼすべての人たちが結婚・出産することができた時代こそが、特殊な条件がそろった稀なケースである可能性さえあります。そういう意味では、先進国は再び「結婚・出産が当たり前ではない世界」に戻りつつあるだけなのかもしれません。

異性が一緒に住むということ

この点、寛容な社会保障、この場合手厚い失業給付や充実した職業訓練制度がある北欧社会では、子どもは親に頼らずにいることができます。その現れが、図7（141ページ）にあるような極めて低い若者の親との同居率です。前近代の農家や商家でも、近代の家族でも、家族の周辺の経済的条件に結婚・出産が左右される点では同じです。ただ、より大きなコミ

＊2　Hajnal（1965）参照。
＊3　速水（1983）参照。

ユニティ（北欧では「国」ですが）がリスクを緩和する制度を作ることができれば、その限りではないでしょう。

ともあれ、アメリカやカナダなどの自由主義的な、つまり政府が若者の生活をバックアップしない社会でこのような「揺り戻し」がたしかに見られるものの、全体的な流れとしては雇用された男女のカップルによる「共働き」が増えてきたことは間違いありません。一時的な景気の動向に左右されつつも、先進国の家族の基調傾向は「家から自立した男性と専業主婦」が支配的な社会から、「共働き」社会への移行なのです。

そして、異性が――結婚にしろ同棲にしろ――一緒に住むことは、自ずと子どもを作ることにつながっていきます。欧米社会では、結婚しないまま子どもを作り、そのまま育てているカップルが数多く存在します。２００８年時点の日本の婚外子の割合は２・１％ですが、アメリカでは生まれてくる子どもの40・6％、フランスでは52・6％、スウェーデンでは54・7％が、出生時に親が結婚していない子どもです（平成25年版「厚生労働白書」56頁）。ほとんどの同棲は男女の共働き世帯ですので、家事は分担し、育児は育児休業、ベビーシッターの雇用や保育所の利用で対応します。カップル形成を促す社会の仕組みが、アメリカやフランス、そしてスウェーデンなど、日本よりもかなり高い出生率を実現している国のひとつの特徴なのです。

「共働きの異性愛カップル」がどんどん増えることについては、最近の日本政府がワーク・ライフ・バランスの実現や女性の活躍の推進に力を入れていることからわかるように、しばしば目指すべき望ましい状態であると考えられています。たしかに、男女が対等な立場で平等に有償労働と無償労働を分かち合うことは、政府に指し示される以前に、先進国の多くの人々にとっても理想の家族のかたちであるといえるでしょう。

共働き社会では出生率も高い

しかも、同棲を含む異性愛カップルが増えて、かつケア・サービスがなんらかのかたちで提供されるのならば、さきほど触れたように出生力もそこそこ上昇していきます。

図8（148ページ）は、共働きカップルの片働きカップルに対する比と、合計特殊出生率をグラフにしたものです。データを入手できた国が少ないため参考程度なのですが（宗教的理由から女性の労働力参加が少ないトルコも除いています）、全体的に右上がり、つまり共働きカップルが多い国のほうが出生率が高い傾向が見てとれます。

たとえば北欧のフィンランドでは、カップルの共働き比は２０１１年で２・５、つまり共

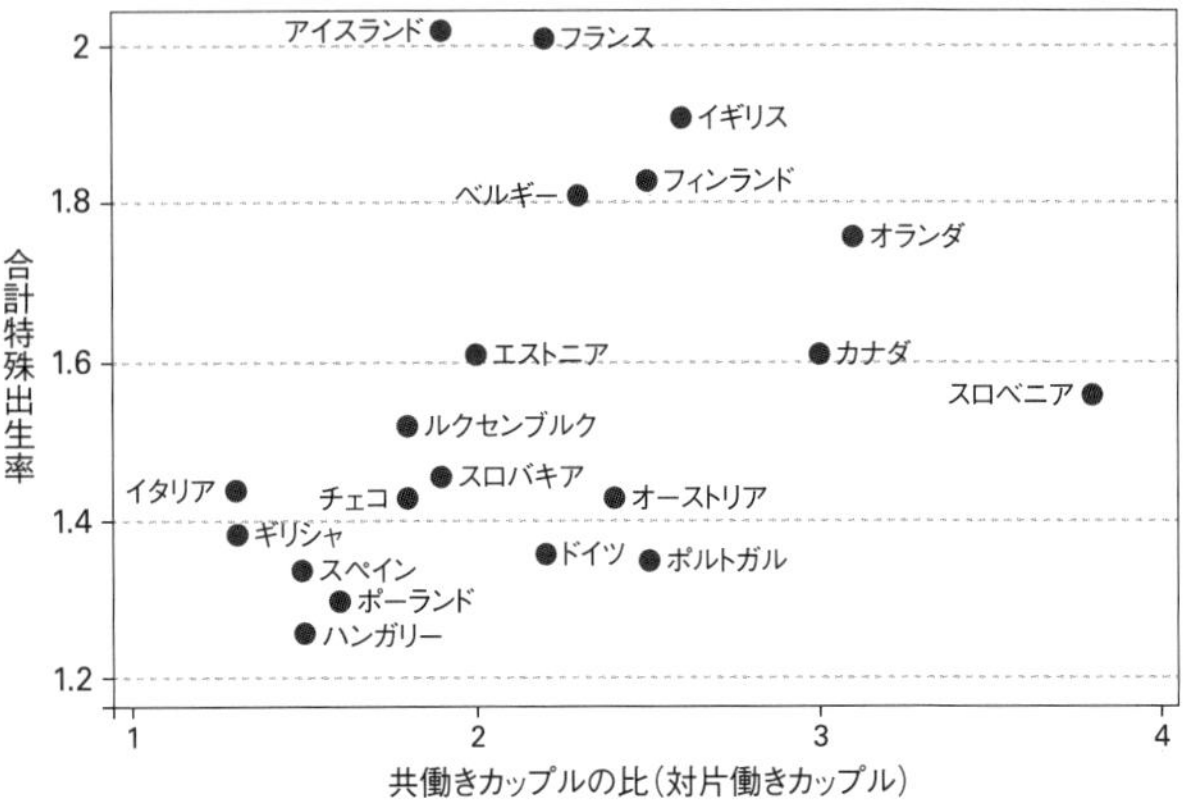

出典：共働きカップルの比はOECD "Doing Better for Families (2011)"、合計特殊出生率は世界銀行WDIより。

図８　共働きカップルの比と合計特殊出生率

働きカップルは片働きカップルの２・５倍います。出生率は１・８３です。これに対してイタリアの共働き比は１・３で、出生率は１・４４です。残念ながらアメリカやスウェーデンのデータは得られていないのですが、いずれも共働き率は高いことが予想されますし、出生率は２０１１年時点でいずれも１・９と高い水準にあります。

もちろん、このような単純なグラフからすぐさま因果的な関係を結論付けることは無理ですが、「共働き社会では出生率も高い」ということは、他のもう少し厳密な分析でも示されています。

また、アメリカの高い出生率については「移民の出生力のおかげではないか」という見方もしばしばなされます。アメリカの2010〜2015年の白人の合計特殊出生率の推計値は1・71です。これはたしかに（移民の多い）ヒスパニックの2・53に比べれば低い数値ですが、しかし日本の同時期の数値に比べれば0・3ほども高く、またこの数値は将来的に増加するという予測がなされています。[*4]

共働き社会の落とし穴

このように、男女均等でかつ出生率を比較的高くキープできる共働き社会は、先進国の抱える問題の解決策としてなかなかによいものではないか、と考えたくなります。私も基本的にはそう考えています。しかし、気をつけるべき点も数多くあります。いわば、共働き社会の「落とし穴」と呼ぶべき問題です。

最初にまとめておくと、ひとつは経済格差に関わる問題です。前章で書いたように、現代の共働きはしばしば国内外の所得格差を「利用」して可能になるものでした。それに、あとで触れますが、実は共働き自体が所得格差を生み出す力を持っているのです。さらに、家庭

＊4　Lopez et al.（2015: p.103）参照。

が仕事場と化してしまうという問題があります。最後に、ジェンダー家族（男と女が一緒になるタイプの家族）を望まない人たちにとっての問題があります。

この節では、先に所得格差の「利用」がもたらす問題についてお話しします。「家庭の職場化」の問題は次の節で触れます。そしてこの章の最後に、共働き社会化がもたらす格差の話をします。ジェンダー家族の問題は、次の章で触れていきます。

“ナニーの憂鬱”

繰り返しになりますが、共働き夫婦にとって、家事はやはり夫婦間の分担によって解決することが主流です。対応が分かれるのは、育児や介護などのケア労働です。

アメリカの中流家庭では、国内外の所得格差を利用して、低所得家庭出身の女性を保育者として雇うケースが増えました。北米では、短時間子どもの世話をする人をベビーシッター、ほぼフルタイムで、しばしば住み込みで子どもを育てる責任を持つ人を「ナニー」と呼ぶことがあります。ナニーというのは日本人にとっては聞き慣れない言葉ですが（「乳母」に近いのですが、多少イメージが異なります）、北米では誰でも知っている言葉です。日本では子どもを連れて公園に行くのはママでしょうが、アメリカでは連れて行くのはベビーシッターやナニーということが珍しくありません。

子育てについて、あまり政府に頼らずに私的セクターでなんとかするという方向性は、家族（女性）がケアを担う日本と共通しています。違うのは、フルタイムの共働きによって得られる高い世帯所得と地域の経済格差を活かした「ケアの雇用」戦略があるかないか、という点です。こうして、アメリカの中流家庭では移民の女性がケアを担い、当の移民女性の子どもは国元の親類（多くの場合子どもの長女や祖父母）やベビーシッターによってケアされることになります。ケア・サービスはアメリカではグローバルな一大産業になっています。

日本人女優・菊地凛子も出演したことで話題になった2006年のアメリカ映画『バベル』には、アメリカ人夫妻の子どもの面倒を見るメキシコ人女性の住み込みのナニーが登場します。彼女は不法就労者です。住み込みの使用人は当局の管理が及びにくいため、アメリカでは移民の不法就労先としてしばしば選ばれるものです。ただ、彼女は十年以上も夫妻の子どもを育ててきたのです。彼女には国に残した自分の子どももいます。その自分の子どもの結婚式に暇《いとま》をもらい帰国する予定だったのですが、夫妻のモロッコへの旅行が長引いたために予定の日に帰国するめどが立たなくなってしまいます。このままでは息子の結婚式に出られないことを焦り、彼女はアメリカ人夫妻の子どもを連れて、夫妻に黙ってメキシコに行く決心をします。しかし、メキシコからの帰りにトラブルに巻き込まれてしまい、警察に捕まってしまいます。彼女は結局はナニーの職を解かれ、長年自分の子どものように育ててきた夫妻の子どもとの急な別れを悲しむことになります。

これはフィクションですが、実際に起こっていることの描写だとしてもまったく不思議ではありません。密入国した移民をナニーとして雇うことは、アメリカ社会ではまったく珍しいことではありません。1993年、就任したばかりのビル・クリントン大統領（当時）は初の女性の司法長官として、ゾイ・ベアード弁護士を候補に指名しました。しかし、ベアード氏が不法就労のナニーを雇っていたことがメディアに暴露され、問題になりました。その数カ月後、クリントン大統領が次の候補にと考えていた連邦判事のキンバ・ウッド氏が、これまた（ごく短い期間ですが）不法滞在の移民をナニーとして雇ったことがあることが発覚し、再び世を騒がせることを恐れたクリントン陣営は、先手を打って指名を断念するに至ります。

ナニーの雇用をめぐってはこうした一連の事件があるため、政治に関わる人のナニー関連の不祥事のことを、「ウォーターゲート事件」にかけて「ナニーゲート」と呼ぶようになりました。

政府からの公的支援が得られないアメリカの共働きカップルにとって、子どもの世話を誰にやってもらうのかを決めるのは頭の痛い問題です。ナニーを雇うことは有力な選択肢ですが、それなりにお金がかかります（高ければ一週間で数万円ほどもします）。お金をかけたくない場合には、賃金の安い不法滞在のナニーを雇い、税（雇用税と給与税をあわせて「ナニー税」といわれています）も支払わないということが一般的に行われています。

1987年には、ヨーロッパを真似てアメリカにもオペア制度（外国人の若者が1〜2年間ホームステイしつつ子どもの世話や家事をする制度）が導入されました。これを利用する家庭もありますが、オペアの滞在期間の短さもあってか、ついつい不法移民のナニーのほうに手を出してしまう家庭も多いのです。アメリカの国税庁（IRS）は不法就労のナニーをつぶさに摘発したりしませんが、見つかるとまずいことに変わりはありません。そのため、家に強盗が入ったときや子どもが誘拐されそうになったとき、ナニーが警察に通報することをためらう可能性があるなど、いろいろな問題が生じます。

「ケアの機会」の不平等

「不届けナニー」の雇用は、ナニーに対する虐待、若いナニーと雇用者の夫との不適切な関係などの問題を引き起こすこともあり、アメリカやカナダを悩ます国内的な社会問題になっています。他方で、裕福な国の共働き夫婦の子どものケアをする女性が、自分の子どもを自分で育てられないという問題もいろいろなところで生じています。さらに、ケアが二重にも三重にも「移転」することもあります。アメリカの裕福な共働き家庭の子どもを移民女性が育て、国元にいる移民女性の子どもはその国での低所得階層出身の女性が育てる、というケースがよくあります。移民女性はたしかにアメリカ国内では低所得になりますが、国に帰れば比較的豊かな階層に入ることもあります。そうでなければ、そもそも海外で仕事をすることは難しいでしょうから。女性は、自分がナニーとして他人の子どもを育てたお金を使って、自分の子どもを他人に育ててもらっているのです。このようなつながりのことを、社会学では「グローバル・ケア・チェーン」と呼ぶことがあります。[*5]

国内外の経済格差が親と子を別れさせることは、これまでもいろいろな地域で見られてきました。工業化の初期段階では、農村の子どもが工場に住み込みで出稼ぎに行くこともありましたし、いまでも親が出稼ぎに行き、残った子どもの面倒を親類が見るケースなどがあります。これも、所得格差が家族生活に及ぼす影響のひとつです。

たとえば現代の中国は、戸籍制度による厳しい移住規制もあって、農村と都市の所得格差が非常に大きな状態にあります。そのため農村では、両親ともが出稼ぎに行ってしまい、祖父母のケアさえも頼ることもできない子どもは、自分たちだけで生活していかなければなりません。実に6100万人の子どもが両親不在の「留守児童」で、そのうち290万人には祖父母もいない、という統計もあります。1990年代後半から始まった農村部の小学校の統廃合の影響もあり、小学生くらいから寄宿舎生活を始める子どもも多数います。この寄宿舎での生活は子どもの発育にあまりよい影響を与えておらず、寄宿舎生活を送る子どもは平均よりも身長が低く、体重も小さいそうです。「子どもを自分の手で育てる」ことは、農村部の貧困層の人々からすれば十分に贅沢《ぜいたく》なことなのです。

先進国と途上国の間のグローバル・ケア・チェーンも、「経済格差のために子どもと親が引き離される」という点はこれと同じです。ですが、少し構造が異なります。単なる国内外の所得格差によって低所得地域の人々が高所得地域に吸い寄せられるということだけではなく、ケアの交換が、豊かな国での「共働き社会化」によって引き起こされているのです。

1930年代の日本の中流家庭のように、かつての家事使用人は主婦とともに家事をして

＊5　Hochschild（2000: p.131）参照。

いました。ガス・電気・水道といったインフラも整備されておらず、家電機器も普及していなかった時代にはそれだけ家事がたいへんだったのです。NHK連続テレビ小説「あさが来た」（2015年度後期）のモデルとなった広岡浅子は、活躍したのはもっと前の時代ですが、彼女がそれこそ「活躍」できたのは、家のことをする（おそらく数多くの）使用人を雇うことができたからでしょう。これに対して現代では、使用人は主婦のいる家庭ではなく、共働き家庭のニーズに吸い寄せられて雇用されています。

共働き社会化によってもたらされる、より「ライト」な犠牲もあります。フルタイムの共働きが進むということは、かつては専業主婦が昼間に済ませていた作業が標準的な就業時間の外に押し出される、ということです。スーパーで働くパートタイマーも、遅番の需要が高まっていきます。フルタイム勤務の人が帰りに買い物をする時間帯は、専業主婦家庭にとっては夕食の時間帯です。そこで働くパートの女性たちのなかには、子どもと一緒に夕食を食べる機会を諦めている人もいるでしょう。

以上が、共働き社会が格差を利用することのひとつの問題、つまりケア・サービスを供給する側が、自分たちのケアの機会を奪われる、という問題です。ケア労働についていえば、オペア制度のように短期の滞在であれば、ケアを与える側は自分たちの子どものケアをそれほど気にすることはありません。そもそもオペアには未婚で保育経験のある（日本の場合、オペア資格を得るために保育所でアルバイトするなどして実績を積みます）女性が志望することが多く、グローバル・ケア・チェーンの矛盾をあまり引き起こしません。しかし多くの場合、豊かな国の共働き夫婦のニーズが、結果的に相対的に貧しい国の女性から自分の子どもを育てる機会を剝奪しているのです。

第二節　家庭が（再び）仕事場に？

「天国としての家庭」と衰退

前節では、平等主義的な共働き家族が、意図せざる結果として誰か――たいていは低所得者――のケアの機会を剝奪していることについてお話ししてきました。

次の問題は、「家庭の職場化」です。といっても、いわゆるテレワークのことではありません。テレワークはＩＣＴ（情報通信技術）などを活用して、自宅にいながら仕事をする、しかも自営と違って雇用されて仕事をする働き方で、日本政府も課題としているワーク・ライフ・バランス実現のひとつの切り札なのですが、ここでは触れません（また別の機会に）。

「家庭」という言葉に温かいイメージが含み込まれたのは、早くても19世紀以降のことです。かつて男性が都心部で働き、女性が郊外の住宅で専業主婦をしていた1960年代くらいまでの時代のアメリカでは、家庭はしばしば「天国」に例えられていたそうです。[*6] この考え方が最初に浸透したのは、資本家階級においてでした。

ビジネスの空間と家庭は対比される。そして家庭は「天国」であり、専業主婦は天国を守る天使になぞらえられたのである。……家庭＝天国という考え方は、他方では、そこから離れた空間にあるビジネスに対する考え方にも特定の解釈を及ぼした。……つまり、天国の外で、労働者を使っていかに悪質なビジネスを行おうとも、家庭＝天国に入れば、主婦＝天使によって浄化されてしまうというわけである。したがって、「産業社会」と「暖炉を囲む一家団欒」は相互補完的な関係となる。[*7]

労働者を使ってビジネスをするのはブルジョアジーでしょうが、仕事が辛いという点についていえば、むしろ彼らにこき使われていた当時の労働者のほうがそうだったはずです。単調な工場労働で疲弊した労働者の男性にとって、妻が待つ温かい家庭というのはほとんどの場合理想にとどまるものではあったでしょうが、理想は理想です。労働者の所得水準が高まっていくと、雇われて働く人も専業主婦のいる家庭に安息を見出す文化が徐々に広がっていきました。[*8]

「天国」とまではいかないまでも、家庭を「憩いの場」とする考え方は、現在の私たち日本人にとっても馴染みのあるものでしょう。かつて戦後から高度成長期にかけて、「マイホーム主義」というライフスタイルが登場しました。仕事＝生産活動の場としての「家」が廃れ、その次にやってきたのは重労働の家事を担う主婦の時代でしたが、インフラの整備と家電製品の普及で、主婦の生活も徐々にゆとりのあるものになってきました。

もちろん、女性にとっては、孤立したなかでの育児のストレス、近所の人や親戚との付き合いに関心を持とうとしない夫との関係、「社会」から隔離された私生活への閉じ込めなど、いろいろな言葉にしにくい問題があったのですが、特に外での仕事に疲れた男性は家事や育

＊6　Lasch（1977）参照。
＊7　柏木博（２０１５：29〜30頁）より引用。
＊8　Sennett（1970）参照。

児を免除されていたので、家庭は基本的に憩いの場だったでしょう。

しかし、徐々に多くの先進国が共働き社会に変わっていくなかで、家庭は必ずしも憩いの場ではなくなっていきます。性別分業の段階では、夫と妻の役割はわかりやすく決まっていました。しかし共働き体制が本格化すれば、夫婦間でいろいろなことを調整しながら生活する必要が出てきます。

何よりも家事や育児の分担を決める必要があります。残念ながら現在の日本では、フルタイム共働き夫婦でさえ妻がほとんどの家事をしていますが、徐々に家事や育児を「手伝う」夫も現れてきました。しかしたいていの場合、男は家事や育児が下手だし、(前章で述べたように)さらに女性のほうが家事や育児に求める質的水準が高いので、分担しようとすれば妻は夫を説き伏せ、根気強くトレーニングを授ける必要が出てきます。

それに、夫婦ともフルタイムで働くということは、さきほど触れたように専業主婦が日中に行っていた作業ができなくなる、ということを意味しています。郵便局、クリーニング、銀行、荷物の受取など、なんだかんだで家族の誰かが昼間の時間自由であることが前提になっているところがあります。ですので、夫婦のどちらかが貴重な昼休み時間を犠牲にして用事を済ます必要が出てきます。

収入をプールするかどうかを決める必要もあります。どちらもまとまった稼ぎのある夫婦であれば、一定額（場合によっては全額）をプールするところが多いでしょう。子どもとの関わり方も、これまでのように妻任せというわけにはいきませんから、やはり二人で考えていく必要が出てきます。とにかく、「夫有業・妻無業」の家庭と比べると、決めなければならないこと、しなければならないことは増えていくのです。

「家庭と仕事の世界の逆転」

ところで、アメリカでは、男女問わず有能な労働者を惹《ひ》きつけるために会社が様々な福利厚生を準備することが増えてきました。アメリカの社会学者、アーリー・ホックシールドは、共働き社会が進展していった結果、「家庭と仕事の世界の逆転」ともいうべき現象が見られるようになった、と論じています。

かつて男たちは定期的に家を出て、バー、釣り堀、ゴルフ場、ビリヤード場、そしてしばしば仕事がもたらす甘美な喜びに逃避できる時代があった。今、アメリカの労働人口の45％を占める女性の一人であるリンダ・アヴェリーは、過労で、家庭で不当に扱われていると感じており、男性と同じように仕事に逃げようとしている。今日では、男性も女性も、汚れた皿、未解決の喧嘩、泣きわめく赤ん坊、怒りっぽいティーンエイジャー、無理解な配偶者を置き去りにして、さっさと仕事に行き、「やあ、みんな、おはよう!」と言っているのかもしれない。[*9]

これは、ホックシールドが参与観察した父親(「リンダ」の夫、二人の子どもが「ティミー」)にもあてはまるようです。再び引用しましょう。

仕事と家庭の世界が逆転するにつれ、それぞれの部署で働く親が経験する時間も同じように変化してきた。変化の内容や程度は、その人の職務の性質や会社、家庭における生活に応じて異なっている。しかし、少なくとも、ティミーの父親のようなエンジニア職の社員にとって、家族の時間は、かつては職場の専売特許だった効率性崇拝に屈しつつある。その一方で、どんどん長くなる仕事の時間は、電子メールで友人と話したり、口論をなだめたり、噂話をするなどの社交を快く受け入れるようになる。このように、ティミーの父親の長い労働時間の中には、非効率なポケットがたくさん隠されていた。これに対して、平日、彼が目を覚ましている間に家庭で過ごす時間ははるかに短く、彼はその時間を意識して効率的に使っていた。ティミーの父親は仕事で時間を忘れることがあったが、家庭では常に時計を見つめていたのである。[*10]

日本には、仕事にはやりがいを感じるが、家庭に居場所がないためにあえて残業をしたり、仕事はそれほど楽しくないからさっさと帰社するものの、かといって妻と顔を合わせたくないために帰宅途中に飲み屋に立ち寄ったりする男性がいた（いる?）らしいのですが、このようなお父さんも、家で効率的に作業をすることからは免除されていました。家事や育児をしたくないから家に帰らないのではなく、むしろやることがないから家に帰りたくない、というわけです。

これに対してアメリカの共働きカップルのなかには、家族のための作業が苦痛な仕事になるが、他方で稼ぐための仕事はむしろ楽しい、という逆転現象を経験しているケースがある、

＊9　Hochschild（1997＝2012：訳72頁）より引用。
＊10　Hochschild（1997＝2012：訳82頁）より引用。

ということです。

かつて、家が経済活動の拠点であったときは、そもそも仕事の領域とプライベートの領域のどちらが憩いの場なのか、といった問いが成立しませんでした。骨の折れる作業の時間と、休憩の時間が入り混じりながらの生活だったはずです。これが明確に分離したのが、「男性稼ぎ手＋専業主婦」の時代でした。もしかすると、現代の共働き社会では、再び「作業」と「憩い」が入り混じってきたのかもしれません。それは、かつてのように「家経済」の場でそうなっていたのではなく、明確に分かれた仕事と家庭のそれぞれの領域で、あくせく働く時間とほっと一息つける時間が混ざっている、ということです。

いざというときのセイフティ・ネット

ところで、そもそも有償労働の場がこころ休まる居場所であるのなら、私生活を送る必要なんてあるのでしょうか。共働きのせいで私生活が苦痛になるのなら、いっそのこと家族から撤退すればよいのではないでしょうか。

しかし、さきほど見てきたように、アメリカでは移民層の出生率も高いのですが、そうではない人たちも結婚、再婚、同棲といったかたちで家族を、そして子どもを作ることを望む人は多いのです。ある程度の苦痛をともないながらも人々が家庭生活を成立させようとあれこれもがくのは、やはりいざというときのセイフティ・ネットは会社ではなく家族だ、と考えていることもあるでしょう。

いくら一部のアメリカの企業が従業員にとって楽しい職場になるようにあれこれ制度を作ってみたところで、従業員が病気で働けなくなったときには解雇することもあります。もちろん家族からも見放されることだってあるでしょうが、あれこれ尽くしてみたあとで、窮地を救ってくれる可能性があるのは、会社ではなく家族のほうでしょう。

アメリカは、政府があまり個人の面倒を見てくれない国です。それだけに、家族を大事にする度合いがおそらく日本よりも強い社会です。アメリカでは、女性が稼ぎ能力のある男性をパートナーとして探すのと同様に、男性もまた稼ぎ能力のある女性を求めることがあります。何らかの理由で自分が失業してしまったときには、パートナーの収入で食いつなぎながら、次の職を探すことができるからです。男女対等な共働きカップルは、小さな政府のアメリカ社会においては、個人の重要な生存戦略になっているのです。

第二章の終わりのほうで、私は「リベラル派の理想の親密性」についてお話ししました。また、そこで展開される自由な親密性の世界は、現在の先進国でも十分な雇用が確保されていないために、実現できていないのだ、と言いました。たとえ現在夫婦ともに一定の所得を得ていたとしても、いざというときには家族を頼るしかありません。緊急時のセイフティ・ネットとすべく家族関係を仕事のようにメンテナンスするような夫婦が住む社会は、自由な親密性のモデルとは程遠い世界です。もちろん、厳しい世界をともに協力して生き抜くカップル関係には、戦友の関係に似た一定の魅力もあるでしょう。しかし、戦友は目的を共有していますが、仕事のように家族生活を送り、家事と育児を押し付け合う「リンダ」と「ティミーの父親」夫妻は、はたして戦友と呼べるものなのでしょうか。

第三節　共働き社会がもたらす格差

所得と資産の不平等はどうして生まれたのか

これまでの話だけでも、「共働き社会」はそのままではいいところばかりではない、ということが理解できたのではないでしょうか。国内外の格差を利用したケア・サービスの調達、家族の維持が仕事になってしまうことなど、解決すべき問題は山積みです。

もうひとつ忘れてはならない共働き社会の「意図せざる結果」は、やはり格差に関わることです。日本でも2000年前後から格差が問題にされることが多くなりました。

格差にはいろいろな種類がありますが、最も人々の関心を集めるのは経済格差でしょう。フランスの経済学者、トマ・ピケティの『21世紀の資本』が2013年に出版され、アメリカや日本でもベストセラーになりましたが、貧困層が拡大するなかで一部の富裕層に富が集中する傾向に対して、多くの人々が不満を抱いているのが現状です。

私たちが経済格差というときは、基本的に所得の格差を指すことが多いです。所得とは、（たいていの場合）金銭のかたちでみなさんの銀行口座に振り込まれるお金のことです。

所得には、大きく分けて労働の報酬として得られるもの（「稼働所得」）、財産の運用によって得られるもの（金利、賃貸料所得、株の利益などの「財産所得」）、そして政府から支給されるもの（公的年金・恩給・その他の社会保障給付金などの公的給付）、その他（主に仕送り）があります。みなさんがまだ高校生で、家族と一緒に暮らしているときは、みなさんにとっての世帯の所得のほとんどを占めるのは、おそらくご両親の稼働所得ではないでしょうか。もし大学で一人暮らしをすることになったときには、仕送りとアルバイトの稼働所得が所得になります。就職すれば再び稼働所得メイン、子どもが生まれればそこに児童手当が加わり、退職すればおそらく公的年金と財産所得、場合によっては子どもからの仕送りに頼ることになります。

『国民生活基礎調査』によれば、2013年の一世帯あたりの年間平均総所得は528・9万円で、そのうち72・2%が稼働所得、2・9%が財産所得、22・3%が政府からの支給(主に年金)、2・6%がその他、となっています。高齢者世帯(65歳以上の者のみの世帯か、それに18歳未満の未婚者がいる世帯)に限れば、年金が所得の67・6%を占めますから、多くの高齢者世帯にとって年金が生活の命綱になっていることがうかがえます。他方で児童のいる世帯に限れば稼働所得が91・0%を占めますから、いわゆる現役世代についていえば働いて得ることができる収入が頼りになります。

他方で、経済格差の無視できない部分を占めるのが資産の格差です。いくら所得がゼロであっても、多額の資産があれば不自由なく暮らしていけます。ピケティは、世界的に見た場合には所得格差ではなく、資産の格差こそが経済格差をもたらしてきた元凶だ、と論じています。

産業が発達する前の前近代社会では、広大な領地を持っているかどうかが資産格差に直結していました。工業化が進むと、今度は資本、つまり生産手段を持っているかどうかが重要になってきます。工場や会社を所有していれば、労働所得がなくても労働者を雇って働いてもらうことで莫大な利益を得ることができます。この資本を持つ者（ブルジョアジー）と持たない者（プロレタリアート、つまり労働者）の格差は、19世紀に極端なまでに広がっていきます。特に産業化が先に始まったイギリスでの労働者の生活ぶりはあまりにひどかったので、資本家がひたすら豊かになるだけの資本主義社会なんていらない、打倒してしまえという社会主義運動が巻き起こりました。

ところが20世紀には、各国の高度経済成長や労働運動によって労働者の所得が増えていきます。それに応じて格差も縮小していくのです。日本では「一億総中流」という言葉も登場し、「日本は格差がない平等な社会だ」というイメージが持たれるようになっていきます。ところが、先進国の経済成長は１９７０年代に終焉し、再び日本を含むいくつかの国では貧困層の問題に光が当てられるようになりました。ピケティに言わせれば、所得の上昇によって格差が縮小した20世紀は、歴史的に見て「例外」だったのです。

ただ、先進国のなかで随一の国内経済格差を誇るアメリカ、そしていくつかの英語圏の国でここ数十年の格差をもたらしているのは資産格差ではなく、実は所得格差です。[*11]

＊11　Piketty & Saez（2006）および McCall & Percheski（2010）参照。

このことの背景にあるのが、１９８０年代以降の資本移動のグローバル化や、各国の中央銀行による金融緩和政策だと考えられています。金融緩和は必ずしも所得格差を広げるだけではなく、投資や雇用を生み出すことで格差を縮小する効果があるのですが、「副作用」もあります。企業に貸し出されずに余ったおカネは、どこかの国の株や土地に集中的に投資されることになります。本来ならば中国など、成長の余地の大きい後発国に投資されるのでしょうが、政治的なリスクが大きく、投資家が及び腰になることがあります。そこで、少しでも有望な先進国の株に投資するという傾向が続きます。したがって、アメリカ企業のトップは株価を上げることに集中し、それに成功すれば株主から巨額の報酬を約束されるのです。

結婚が格差を生み出す

家族から話がそれてしまいましたので、戻しましょう。アメリカで所得の格差が大きくなった理由は、実はもうひとつあります。それが家族形成、つまり結婚なのです。さきほど、格差が家族形成に影響するということに触れましたが、今度は逆に、家族形成が格差を生み出す、という話です。

ここ20年ほどのあいだのアメリカでは、たしかに一部の富裕層に富が集中するという傾向があり、それが格差を生み出したという側面もあるのですが、実は少なくとも中位から低位の所得層についていえば、個々人が労働によって得る賃金の格差にはそれほど大きな変化はありませんでした。しかし、世帯間の所得格差は広がってきたのです。これはどういうことかというと、個々人が仕事によって獲得したお金を「プール」するメカニズムが変化したのです。

少し難しい言い方をしてしまいましたが、それほど複雑な話ではありません。かつての性別分業の時代には、夫が働いて給与を得るので、多くの妻は専業主婦になり、労働所得を得ることはありませんでした。もし夫の所得が子どもを大学までいかせるには不足している場合、妻がパートで働いて家計を補助していました。つまり、夫の稼ぎのある家庭のほうが、妻の稼ぎは少なくて済むわけです。経済学ではこれを「ダグラス＝有沢の法則」と呼んでいます。

ところが、ワーク・ライフ・バランス政策が充実するなどしてフルタイムの共働きカップルが増えていくと、たとえ全体的な賃金格差が縮まっていても、世帯所得の格差は広がります。というのは、所得の高い男性がやはり所得の高い女性と結婚し、他方で所得の低い男女が一緒になることが多いからです。

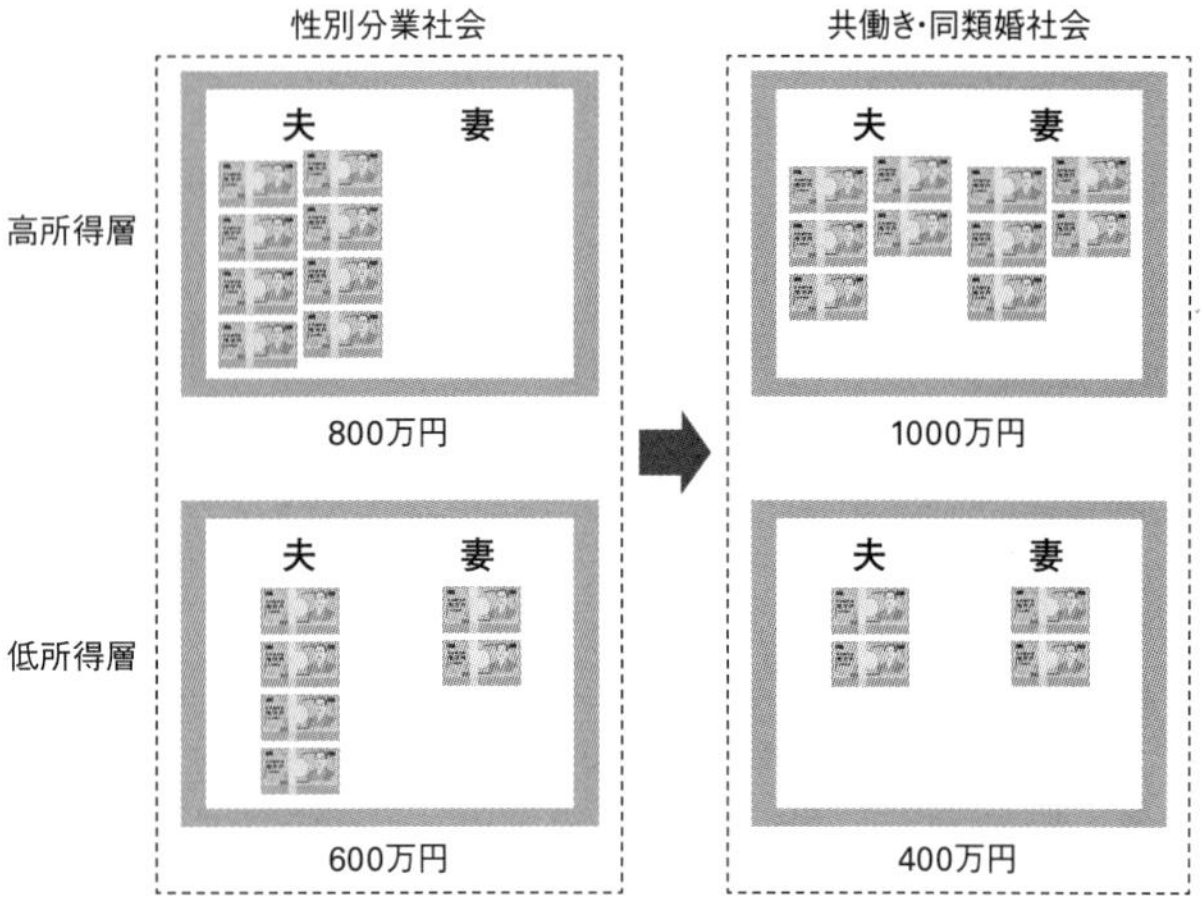

図9　共働き社会化による世帯所得格差の拡大

図９に例を示したのでご覧ください。点線で囲んだのが個々の世帯、そのなかのひとつの札束が１００万円の所得だと考えてください。

左側の二つは、ダグラス＝有沢の法則が成り立っている性別分業社会です。たとえば左上の世帯では、夫の所得が８００万円で、妻の所得はゼロです。男性の所得が４００万円と低い左下の世帯では、妻がパートタイムをして２００万円（パートにしては少し多めですが）を稼ぎ、家計を補助することで高所得層と低所得層の所得格差を縮めています。

これに対して図の右側は、共働き社会です。上の世帯では、夫も妻もフルタイムで５００万円ずつ、計１０００万円の所得があります。これに対して右下の世帯では、夫も妻も２０

0万円ずつ、計400万円しか世帯所得がありません。

図の例では、性別分業社会でも共働き社会でも、二世帯の合計の所得は1400万円で変わりません。そして、個々人の所得をバラバラに見た場合、性別分業社会では下から〈0→200→400→800〉ですが、共働き社会では〈200、200→500、500〉ですから、なんと個人の所得格差は縮小しているのです。それにもかかわらず世帯所得の格差が200万円から600万円に大幅に広がっているのは、個々人の結合の仕方、つまり結婚パターンが変化したからです。

アメリカでは1970年代以降の所得格差の拡大のうち、所得結合パターンの変化によって25%から30%が説明できるという研究結果もあります。[*12] 韓国でも、女性が有償労働に参加すると世帯所得格差が広がる、という分析結果があります。[*13] 日本では、実はまだはっきりとした研究結果が出されていません。これから出てくるのだと思われます。もしワーク・ライフ・バランスが実効性を持つようになれば、稼ぎのある男性は同じように稼ぎのある女性と

＊12 Schwartz（2010）参照。
＊13 Shin & Kong（2015）参照。

くっつかない理由がありませんので、アメリカや韓国と同じく世帯所得格差の拡大が生じる可能性があります。

同類婚が格差をもたらす

気がついた人がいるかもしれませんが、実は共働き社会化すれば世帯間の所得格差が必ず広がるわけではありません。図9にも書き入れましたが、格差が広がるのは「共働き」でかつ「同類婚」の社会において、です。

社会学では、同類の人同士が結婚することを「同類婚」と呼びます。英語だと「ホモガミー」です。「同類」といっても、性格のことではありません。もうちょっと見えやすい特徴が同じかどうか、ということです。社会学では、しばしば性別、年齢、学歴、所得階層、職業、民族、宗教などで特徴づけします。このうち同類婚研究で注目されることが多いのが、学歴、所得階層、民族、宗教です。特性を横断して、異なる特性の相手と結婚することを「異類婚」といいます。英語だと「ヘテロガミー」です。

ほとんどの結婚は、性別に関しては異類婚です。それはそうですね。一方、年齢についてはは圧倒的に同類婚、つまり、同じくらいの年齢の相手との結婚が多いのが現状です。第二章でも利用したEASS2006のデータを用いて集計すると、ともに60歳以下の夫婦の場合、約68％の夫婦の年の差は3歳以下でした（最も多いのが、夫が1歳年上の夫婦）。

「年の差婚」は有名人の結婚などでしばしば話題になりますが、社会学ではその他の属性に注目することのほうが多いです。というのは、同類婚の傾向について見ていくと、社会の変化と結婚の関係についてのひとつの謎が見えてくるからです。少し回り道になりますが、次の章で「結婚のみらい」についてお話をするときにも重要になりますから、同類婚についてもうちょっと敷衍《ふえん》しておきましょう。

前近代の身分制社会では、同類婚は「当たり前」でした。それどころか、身分を横断して結婚することは公式に禁じられていることのほうが多かったのです。江戸時代、武士身分出身ならばどの武士の家の者と結婚してもよかったわけではなく、幕府や藩の上層部による縁組許可制がとられていました。そこでは、原則「家格」が見合った結婚しか許可されませんでした。かように結婚とは個人と個人の結婚ではなく、家同士のものであり、恋愛というよりは政治や経済の論理でなされていたのです。

日本ではあまり目立ちませんが、諸外国では宗教の同類婚もあります。たとえばカトリックの両親の子どもはカトリックと、プロテスタントの両親の子どもはプロテスタントと、それぞれ結婚する傾向があるわけです。民族についても同様で、白人は白人と、黒人は黒人と民族内同類婚をすることが多いのです。

社会学、特にアメリカの社会学で同類婚と異類婚の研究がさかんになされている理由は、「異類婚のほうが望ましい」という価値観がアメリカにはあるからです。同類婚と異類婚という考え方自体を私たち日本人はあまりしないのかもしれませんが、「混ざる社会のほうがよい社会だ」というこの感覚は、異民族との結婚をあまりしない日本人にとってもまったく理解できないものではないでしょう。アメリカ人は、会社にしろ学校にしろ家族にしろ、異質な人同士が一緒にいることを「ダイバーシティ」と呼び、基本的には尊重してきました。

近代化して身分制が廃止されると、経済や地位の面で異なった家の出身者同士が結婚できるようになります。しかし実際には、様々なかたちで同類婚の傾向は残りました。私たちは、相変わらず同類、つまり自分たちと似たような特性の相手と一緒になっています。これがパズル（謎）です。身分制が撤廃され、原則的に（ごく最近までは異性限定でしたが）誰とでも結婚できるようになったのに、なぜ人々は相変わらず同類婚をするのでしょうか。

ひとつの答えは、文化や価値観です。身分制が政治的に廃止されても、同一の社会のなかに文化的に異質な集団が共存する事実には変わりがありません。たしかに異類婚が社会的に望ましいということを人々は頭では理解していても、いざ自分のこととなると、異質な集団の人と一緒になると価値観も合わないし、親戚付き合いも大変だし（そもそも親類の反対にあう）、とにかく乗り越えるべき壁が大きかったのです。現在に至るまで残る結婚差別が、このことを示唆しています。

かつての移民受け入れ国では、移民として次々と自分たちの国にやってくる異なった人種・民族、異なった宗教、異なった言語の人々を「同化」すること、つまり母国語を捨て、移民先の価値観やライフスタイルに適応してもらうことが是とされていた時代がありました。同化政策の典型は日本のアイヌに対する強制的同化政策に見てとれます。多くの国ではやがて同化の考え方は弱まり、それぞれの文化を尊重し、多様性を重視する多文化主義の考え方が支配的になっていきます。

同化政策が推し進められていた場合にどれほど民族が文化的に融合したのかはわかりません。いずれにしろ、同じ国のなかに異質な集団が共存するという状態が多くの社会で続いています。したがって異質の集団の男女が恋に落ちることもしばしば生じてきます。というのは、いくら集団が異質だからといっても、学校や職場での出会いはいくらでもありますし、場合によっては自分の出自を隠していることもあるからです。

ここで興味深いのは、通常は「恋に落ちる」ことがなければ異類婚は生じない、ということです。アレンジ婚が優勢だった時代でも、異類婚はほとんど恋愛婚でした。このことは、恋愛には異質性を乗り越える力があるということを意味していますが、これについてはまた次の章で立ち返ります。

異類婚というのは、異なった民族や宗教の人と単に同じ学校や会社に所属するといったことよりも、ずっと異質な存在、異質な慣習・考え方への寛容な態度が必要になってきます。何しろ一緒に生活するのですから。宗教や民族の異類婚は特に根本的な価値観にも関わるものなので、あまり増えないとしても不思議ではありません。

お金持ちがお金持ちと結婚する社会

これに対して、所得や学歴といった経済力に関わる特性については、宗教や民族ほどは異類婚の障害が高くないはずです。親がお金持ちかどうかで会話言語が通じないということはないでしょうし、大学に進学したら信じている神様が変わった、ということはそれほどないからです。しかし実際には、学歴同類婚の傾向にはどの国でもあまり衰えが見られていません。というより、女性が高学歴化して共働き社会化が進むと、同類婚の傾向が強化されていくのです。[*14]

これも謎といえば謎ですが、これついてはシンプルな答えがあります。それは、もし共働きにともなう問題がなんとか乗り越えられるのならば、男性でも女性でも稼ぎのある相手と一緒になるのが合理的だから、というものです。

「上位のもの同士から順にマッチングしていく」ことを、同類婚のなかでも「アソータティブ・メイティング（assortative mating）」と呼ぶことがあります。聞き慣れない言葉ですが、日本語の定訳がないため、ここではそのまま片仮名で呼ぶことにします（ホモガミーと同じく同類婚と訳すこともありますが、ここでは分けておきます）。アソータティブ・メイティングはもともとは生物学で使われている言葉で、体の大きいメスとくっつこうとオス同士が争うとき、体の大きいオスが勝ちますから、結果的に体の大きいメスとオスが交尾するに至る、といった状態を表したものです。これに対して、相手の特徴と関わりなく偶然にまかせてくっつくような状態を「ランダム・マッチング」といいます。

人間の世界では、体の大きさというよりも経済力がものをいいます。純粋な所得のアソー

＊14　Blossfeld（2009）参照。

タティブ・メイティングの世界では、最も所得の高い男性と結婚するのは最も所得の高い女性です。なんとなく「イヤ」な世界ですが、他の条件が同じであれば、男性でも女性でも所得の高い相手と結婚したいと思うのはむしろ自然な感情でしょう。

同類婚において肝心なのは、「他の条件が同じならば」という部分です。性別分業社会では、結婚の際に女性の学歴が気にされることはそれほどありませんでした。高卒でも短大卒でも、女性が結婚・出産後もフルタイムで働くことが非常に難しかったからです。

ここでもし女性がフルタイムで働き続ける条件が整ったら――あるいはそのようにせざるを得ないような状況になったら――どうでしょうか。こうなれば、女性にとっては相手の学歴が重要なことに変わりはないですが、男性にとっても女性の学歴が気になるようになるはずです。

格差を解消する結婚とは？

同類婚の話で少しより道をしましたが、ここでさきほどの話に戻ります。確認しておくと、共働きはそれだけだと世帯間の所得格差を広げることはありません。しかし共働きに同類婚が加わると、それは所得格差を拡大するように作用するのです。

共働き社会が意図せざる結果として格差を広げる可能性については、これまで社会学者のあいだでもあまり注目されていませんでした。特に日本の社会学者が気にしていたのは、格差が家族形成（結婚や出産）に及ぼす影響でした。これは、日本が少子化に直面していて、その主な原因が未婚化にあったからです。

具体的には、所得が低い人たち（特に男性）が結婚相手を見つけられないという問題や、家計が厳しい家の夫婦が子どもを希望する数だけもうけられない、といった問題に取り組まれてきたのです。共働きが同類婚を通じて格差を拡大する可能性については、まだ日本は性別分業社会であるのでその段階ではない、と考える研究者もいるでしょう。

とはいえ、格差が結婚に結びつき、結婚が格差に結びつくメカニズムは、まったく別物というわけではありません。少し単純化したモデルの世界で考えてみましょう。まず性別分業社会では、女性の経済力にかかわらず、男性に経済力がある場合にのみ結婚が成立します。結婚できないのは経済力のない男性と、経済力のある男性を見つけそこねた女性です（救いのない表現ですが、あくまで例示ですので、ご容赦ください）。

次に共働き社会では、どちらかに経済力がある場合はもちろん、両方合わせてやっていける場合でも結婚が成立します。もし（これはあまり考えにくい社会ですが）「逆アソータティブ・メイティング」の世界、つまり所得の高い男性には低い女性、所得の低い男性には高い女性が相手に選ばれる「やさしい世界」ならば、世帯所得も平準化しますし、うまくいけばすべての人たちが結婚できる状況が実現します。これほどではありませんが、男女が相手の所得と関係なく愛しあう「美しい世界」、つまりランダム・マッチングの世界でも、運悪く自分の所得も相手の所得も低い場合は結婚が難しくなるかもしれませんが、性別分業社会よりはましでしょう。

これらに対して、アソータティブ・メイティングをともなった共働き社会だと、上から順にマッチングが成立し、残されるのは経済力の低い男性と女性です。それでも二人合わせてなんとか所帯を持てる可能性が出てくるので、性別分業社会よりは結婚が多くなるかもしれませんが、場合によっては彼ら・彼女らは、お互いに一緒になることを先延ばしし、経済力のある相手を探し続けるかもしれません。

出生率の観点からすれば、望ましいのは逆アソータティブ・メイティング、ついでランダム・マッチングの共働き社会です。そして格差縮小の観点からも、これらは望ましいあり方です。しかし、結婚相手の選択は近代国家では個人のプライベートな選択であると考えられていますので、家事分担と同様に学歴や稼ぎ能力の同類婚を政府の介入によって止めることはできません。

第四節　家族による格差にどう対応するか

ワーク・ライフ・バランスの意図せざる結果

このように考えると、少子化対策として、もしワーク・ライフ・バランス政策のみを実施する場合、多少の危険がともなうことがわかります。というのは、仮に完全にワーク・ライフ・バランスが実現してしまうと、女性の就労を阻む壁はもはや存在せず、同類婚の共働き社会が促されるからです。これは、政府は人々の自主的な決定をサポートすることは得意だが、その決定自体を変えることはあまりしない、という近代国家の特徴から導かれるひとつの帰結です。

政府が私生活や家族に介入することについて、私たちは警戒感を持つことがあります。少子化問題についていえば、私たちが結婚するかどうか、何人子どもを持つのかは私たちの自由で、国はこの自由な選択を権利として保障する存在であって、その決定を強制するものではありません。ですので、政府は私たちの決定の邪魔になる要因を取り除いたり、私たちの自主的な決定が将来的に私たちの暮らしを苦しめるようならば、間接的に決定がある方向にむかうように環境を変えたりするわけです。

たとえば結婚したいと考える人たちがなんらかの理由で結婚できない場合、政府はその障害を取り除こうとします。結婚したいと考える人が減ってしまった場合には、そうした人々が増えて子どもが減り、人口構成が高齢化すると将来的に国民生活が不安定化しますから、直接に結婚させたりすることはしないにせよ、結婚したほうが利益になるような制度を導入します（日本政府はこれに失敗してきたために少子化に陥っているのですが、さしあたり置いておきます）。

政府のワーク・ライフ・バランス政策、企業のファミリー・フレンドリー制度は、私たちの結婚や家族についての自由で自主的な決定をサポートしてくれます。こういうと聞こえは良いのですが、私たちの自由な決定が、必ずしも社会全体にとって望ましい状態をもたらすわけではありません。私たちが行うひとつひとつの結婚は、格差という社会のひとつの姿を作り出すのです。

同類婚という自由な決定に介入できない以上、結果として生まれる格差をどこかで是正しなければなりません。そして可能ならば、ランダム・マッチングの共働き社会に近づけることがよいかもしれません。といっても、「高い所得の女性は低い所得の男性と結婚しなさい」と政府が命令するのではなく、アソータティブ・メイティングしてもあまり「儲からない」ような仕組みを考える、ということです。これでも賛否両論あるでしょうが、とりあえずその可能性を模索してみましょう。少しややこしい話ですが、しばらくお付き合いください。

個人所得への課税か、世帯所得への課税か

格差が所得格差ならば、近代国家における代表的な是正の手段はそこに課税、具体的には累進課税することです。貧困層への教育投資や賃金の平準化なども重要な手段ですが、それに必要な公的資金は租税負担によるものです。

日本では税制に関する議論は「控除」に関するものが中心になっていますが、それと並んで重要なのが「課税単位」の問題です。すなわち、個人所得に課税するか、世帯所得に課税するか、という問題です。日本は個人単位課税ですが、世帯間の所得格差を是正するならば、世帯単位課税がその手段として考えられます。つまり、世帯（家計をともにする家族）全体の所得が高い場合には、それだけ高い税率を課す、という方法です。たしかに世帯単位課税であれば、高所得共働きの夫婦から、それ以外の世帯——低所得共働き夫婦の世帯や一人

暮らし世帯――により多くのお金を移転することができます。

一般に、お金持ちの人からお金をあまり持っていない人にお金を移動させることを、「所得再分配」と呼びます。具体的には、児童手当や児童扶養手当を手厚くする、大学の学費を下げる、奨学金を充実させる、医療費の窓口負担を下げる、などです。

「児童手当が世帯所得にかかわらず一定だとすれば、あまり再分配にならないのではないか」と考えたくなる人もいるかもしれませんが、その元手となるお金を多く負担するのは高所得世帯なので、しっかり再分配になっています。高所得世帯は支払った税金の一部しか、見返りとしての公的サービスや支給を受け取ることができませんが、低所得世帯は支払った税金以上にサービス・給付を受けられるのです。

では、世帯単位課税を導入してどんどん再分配すればよいのかといえば、話はそう単純ではありません。実は、世帯単位課税にはかなり面倒な副作用があります。説明のために、まずは個人単位課税について説明しましょう（これからしばらく、税制に関する少しややこしい話が続きます。興味のない方は次章までスキップしていただいても、本書の理解には特に問題にならないと思います）。

個人単位課税は、家族のメンバーが稼いでいようがいまいが、それとは関係なく個々人の稼ぎに税率を適用します。日本を含むほとんどの先進国は基本的に個人単位課税です。仮に世帯所得を1000万円で固定して、この1000万円を誰がどれだけ稼ぐのかということを考えてみましょう。累進課税を前提とすると、個人単位課税の世界では、最も税率が低くなるのはたいてい夫婦が同じだけ稼ぐ場合です。夫1000万円、妻0円でも世帯所得は同じ1000万円ですが、1000万円だと高い税率が課されるため、他の条件が同じならば夫も妻も500万円を稼ぐ状態に近づけることが得策になります。

つまり、個人単位課税は「対等な共働き夫婦」を優遇するのです。特にワーク・ライフ・バランス制度が整ってきた場合、高所得者はやはり同等の高所得者と結婚することが合理的になるため、アソータティブ・メイティングを抑える効果はありません。また、世帯間の所得再分配については、もちろん高所得者夫婦からそれぞれ高い税率で徴収した税金が低所得者に回ることには違いありませんが、次にお話しする非分割方式の世帯単位課税に比べると効果が小さいです。

分割か非分割か

次に世帯単位課税について考えてみましょう。世帯単位課税の世界では、同じ1000万円の世帯所得を夫婦がどのように分担しようとも税率は変わりません。夫が1000万円すべてを稼いでいようが、夫と妻で500万円ずつ分担しようが、同じです。したがって共働きをことさら阻害するものではありませんが、かといってそれを促す効果もありません。

ただ、世帯単位課税はさらにそのなかに二つの方式があります。ひとつは合算非分割方式、もうひとつは合算分割方式です。非分割方式は、世帯の人数にかかわらず単純に世帯所得に課税する方式です。分割方式は、世帯所得を世帯の人数（あるいはそれに近い数値）で割って、それぞれに課税する方式です。

非分割方式の世帯単位課税（以下「非分割方式」と呼びます）では、高所得者同士が結婚することによって発生する世帯間の所得格差の是正をすることはできます。1000万円の所得を持つ男女が結婚した場合、独身時にはそれぞれ1000万円に課税されていたのが、結婚すると2000万円に対応した高率の課税が適用されるからです。

しかし、この課税方法は、その他の副作用が大きいと考えられています。自分の所得が経済的に自立できる水準にある人（たとえば所得が500万円の男性）が、そこそこ所得が高い相手（たとえば同じく500万円の女性）と結婚すると、いきなり世帯所得1000万円への高率課税が発生しますから、所得のある人と結婚する動機が小さくなります。したがって、非分割方式の世界では結婚が減るか、あるいは女性が就労を抑制することになってしまいます。これでは、世帯間の所得再分配は可能になるかもしれませんが、世帯が形成されにくくなるため婚姻率や出生率を下げてしまい、少子化対策の面ではあまり良くない制度です。また、世帯間の所得格差の是正にはつながりますが、共働き社会化を阻害するため、世帯内の夫婦（男女）の所得格差は縮めません。

　こういった副作用を抑えるために、フランスなどでは同じ世帯単位課税でも「分割方式」が採用されています。分割方式のもとでは、世帯全体の所得を世帯員の数で割った上で、それぞれに課税されます。分割方式では、非分割方式と同じく１０００万円を夫婦がどのように分担して稼いでいても税率は変わりません。ただ、非分割方式だと夫婦の所得が合算されたところに課税されますが、分割方式では夫婦の所得を平均した所得（ここでは５００万円）に課税される点が異なります。

　したがって分割方式の世界では、高所得の男性からすれば結婚することで税金を節約できます。所得のあまりない女性からすれば、結婚前よりも結婚後のほうが税率が高くなりますが、高所得の男性と結婚できるために、結婚をあまり「損」とは考えないでしょう。そして対等な所得の男女が結婚する分には、結婚後も結婚前も平均した所得に変化がないため、結婚を阻害しません。フランスでもそうですが、分割方式の世帯単位課税で子どもも世帯人数にカウントする場合、子どもが多ければ多いほど一人あたりの平均所得は小さくなり、課税額も少なくなります。つまり、かなり強力な出生促進効果があります。ただ、子どもをたくさん作れば高所得者夫妻でも課税が甘くなるので、格差是正効果は非分割方式に比べて緩和されてしまいますし、片働きの場合など、場合によっては高所得者に大きな恩恵をもたらしてしまいます。

さらに、分割方式が共働きを促進するかどうかはケース・バイ・ケースです。分割方式の世界では、高所得者にとってみれば、所得の低い人を世帯に加えるとどんどん課税平均所得が下がるので、場合によっては女性の就労を抑制することもありえます。いずれにしろ、個人単位課税のように対等な共働きを強く促す効果は期待できません。これは、個人単位課税に配偶者控除を付加した日本の税制についても似たようなことがいえます。

三つの税制の優劣

さて、少し長めに、ずいぶんとややこしい話をしてしまいました。ここで肝心なことは、共働き社会化（男女平等化）と全体の格差是正は、税制という観点からすればなかなか両立

	出生力	共働き	世帯格差
個人単位課税	B	A	C
非分割方式	C	C	A
分割方式	A	B	C

表2　各種税方式の評価

しない、ということです。

これに出生促進という要素を加えて、あらためて前述の三つの税制を私なりに評価したものを表2にまとめてみました。つまり、子どもがたくさん生まれて、世帯の経済格差が小さくて、女性もよく稼いでいる社会がよい社会だと仮定して、非分割方式、分割方式、個人単位課税という三つの税制の優劣を考えるわけです。表2はなんらかの客観的な数値評価によるものではありませんが、参考にはなるかと思います。

まず、出生促進という観点からすれば、子どもを世帯に加えることで大幅に税率を下げることができる分割方式が最高評価で、次いでカップルを促進する個人単位課税、非分割方式は結婚に対してペナルティを与えるので最低評価です。共働き社会化という基準で評価すれば、最高評価は個人単位課税、ついで分割方式、最低評価は非分割方式です。世帯格差是正という観点からは、非分割方式が最高で、分割方式と個人単位課税は条件によって異なってきます。

表2を前提とすると、三つの評価基準すべてに優れた課税方式がないということになります。

日本の税制、世界の税制

ここで、以上の話を実際の事例にあてはめてみましょう。

日本で所得税が導入されたのは明治時代からで、それから1950年より前までは非分割の世帯単位課税でした。農業や自営業の世帯では実質的に夫婦ともに働きますが、所得はそれぞれの働き手に分配された上で課税されるのではなく、「社長」である戸主の男性のものとされた上で課税されます。ここまでは、非分割方式でも個人単位課税でも同じです。ところが個人単位課税だと、夫婦それぞれが会社に雇用されている世帯ではそれぞれに低い税率が適用されるので、自営業の世帯に不公平になります。このような理由から、家が経済活動の拠点であった時代には世帯単位課税が一般的だったのです。すでにお話したように、非分割方式には所得のある相手との結婚を抑制する効果があります。しかし自営の場合、妻を「従業員」として加えたところで所得が直接に増えるわけではありませんから（そもそも妻がいなくても職業使用人がいる）、この税制が結婚を抑制するようなことはありませんでした。

やがて家の経済から男性が離脱して1950年代くらいから性別分業家族（男性稼ぎ手、女性主婦家族）が支配的になっていくのですが、この段階では、収入源は依然としてひとつなので、個人単位課税でも非分割方式の世帯単位課税でも、世帯の税率は同じです。日本は1950年から個人単位課税に変わります。このことにより自営業の家は予想通り不満を持ちましたが、性別分業家族（片働き世帯）はそうではありませんでした。自営業はこれから減る見込みだったので、このまま個人単位課税を原則として続けていくことにはそれなりに合理性があったはずです。

ただ、ここから日本の所得税制は多少迷走気味になります。個人単位課税への切替え後に吹き出した自営業家族の不満を受けて、政府は「専従者控除」を導入し（1952年）、実質的に分割方式に近い税率を自営業者が受けられるようにしました。こうなると今度は、サラリーマン男性の片働き世帯が「自営業は（実質的に）妻に所得を帰属させて税率を低くできるのに、なんで我々はできないのだ」という不満を持つことになります。こうして1961年に「配偶者控除」が導入され、それが次第に拡充されつついまに至っています。

配偶者控除制度は個人単位課税を分割方式に近づけるもので、純粋な個人単位課税に本来備わった機能である、対等な共働きを促進する働きを弱めるものです。もともとはすでにみたように、自営業家族と比べたときの専業主婦家庭の不利を緩和するために導入されたもので、共働き社会に対応した税制ではありません。したがって共働き社会化を促す目的で、現在は廃止が検討されています。

しかし、こういった議論でともすれば忘れ去られているのが、アソータティブ・メイティングによる世帯間所得格差の拡大なのです。世帯間所得格差の縮小という目的に対しては、個人単位課税も分割方式（そして配偶者控除方式）もそれほど力を発揮しません。対等な共働き夫婦を促進したいのなら、何も考えずに個人単位課税を純化すればよいのです。しかしそこに落とし穴があることにも、私たちは留意しておく必要があります。

日本から諸外国に目を向けてみると、これまた多様な税方式があります。とはいえ、先進諸国では、非分割方式の世帯単位課税から分割方式、あるいは個人単位課税への移行が一般的なシナリオです。これは、経済構造が「家経済」から男性稼ぎ手雇用、そして男女共働き雇用社会へと変化していったことを反映した制度変更です。ただ、これ以降は多様性があります。イギリスと日本は個人単位課税ですが、アメリカとドイツは分割方式と個人単位課税を選択することができます。ドイツでは夫婦を単位としているのに対して（2分2乗方式）、フランスでは子どもも世帯員の数に含めます（N分N乗方式）。

しかし、税制によって家族のあり方がすべて決まっているわけではありません。税制以外の外的な条件の影響も大きいのです。

スウェーデンは個人単位課税で、共働きが一般的です。とはいえ、そもそも当初所得格差が小さいので、アソータティブ・メイティングが顕著にならず、世帯間格差も大きくなりません。アメリカはこれに対して当初所得格差が大きく、アソータティブ・メイティングによって世帯間所得格差がさらに拡大します。フランスは分割課税で出生力も高いのですが、ワーク・ライフ・バランス制度がしっかりしているので、分割方式でも共働きは日本よりも一般的です。ただ、やはり子どもを作れば作るほど税率が下がるので、アメリカや北欧諸国に比べれば女性の活躍度合いは小さいです。日本は個人単位課税が基本ですが、配偶者控除制度や第3号被保険者制度によって専業主婦家庭を優遇しており、かつ長時間労働や保育所不足などの理由から、対等な共働き社会化の程度はかなり低くなっています。

以上、この章では男女平等家族が持つネガティブな影響について考えてきました。ケア・サービスを外部化することの悪影響（グローバル・ケア・チェーン）、家庭の仕事場化によるストレス増加、そして格差拡大がありました。実は、これらはいずれも、先進国が低出生率の問題に対応するなかで生じてきた問題という側面を持っています。このことについては、章をあらためてお話ししていきましょう。

第五章

「家族」のみらいのかたち

第一節　家族と仕事のリスク・マネジメント

「家族のみらい」について考えるために

第二章の終わりのほうで、「リベラル派の理想の親密性」を、いろいろな条件がクリアされたときにもたらされるかもしれない人間関係として描きました。ただ、その具体的な内容についてはそこでは詳しく触れませんでした。

もし完全に自由な親密性の世界があるとすれば、それはどういう世界でしょうか。それは、誰かと関係を持つかどうか、関係を持つならば誰か、どれくらいの期間か、どのような関係か、ということについて自由に選ぶことができる世界です。つまり、この世界は、特定の人間と深い関係にならずに一人で生きていくことも可能な世界です。

いま私たちが住むこの現実世界では、一人で生きていくことはたしかに自由かもしれませんが、老後を考えるとかなりリスクの高い選択になります。しかし、この想像上の世界では、人はケアの心配から解放されているので、心配なく一人で生きていくことができます。次に、同性だろうが誰だろうが、自由に付き合う相手を選ぶことができます。さらに、短い期間付き合って別れるのも自由です。最後に、そもそも一対一の関係にするかどうかも自由です。

こういった世界は、私自身、自分で書いていても想像しにくい自由すぎる世界です。ただ、「家族のみらい」について考えるために、もう少しこの世界について考察を深めてみる必要はあるでしょう。というのは、親密性は、それが「食べていくこと」から自由になったとしても、独自の論理によって完全に「自由」な状態にならない可能性があるからです。それは、親密な関係における「感情」について考えることで見えてくる論理です。

ただ、その前にもう一度、自由な親密性の条件についておさらいしておきましょう。これまで本書では、そもそもこんな世界が実現する〈条件〉がそろうことなどあるのか、という問題提起をしてきました。

家族が「家」として成立する前も、その後も、また家族が「家」から離脱した現在でも、常に私たちは他の人と関係を持つことにおいて、「食べていくこと」という条件に縛られてきました。日本で家父長制的な家族が成立する前には、たしかに男女の関係のあり方はある程度自由であったと考えられていますが、それは個々人が氏族や村落共同体といったコミュニティに深く埋め込まれていたからであって、そういった人間関係から自由になって生きていくことは非常に難しいことでした。

家父長制的な家族が成立したあとも、やはり個人はそこに縛られていました。特に女性は「家」の存続のために、家長である男性に従属する位置に置かれました。長男単独相続の社会では、次男以下の男性は比較的家の経営からは自由でしたが、経済基盤が弱いために必ずしも自由な恋愛を楽しんでいたわけではありません。

親密性が経済・生産の論理から独立するのは、仕事と家庭が分離することによってでした。家族経営ではない会社組織が一般化し、そこに男性が雇われることで独自の経済基盤を獲得し、ようやく男性は「家」のくびきから自由になることができました。しかし、これはほんとうの自由ではありませんでした。というのも、登場したのは「男性稼ぎ手＋専業主婦」の家族であって、そこでは相変わらず女性は男性に経済的に依存し、男性は家族を養う重責を担っていたからです。

経済環境の変化もあって、女性が有償労働に戻っていくと、女性のなかにも経済的に自立する人が増えていきます。男女とも経済的に自立したのならば、あとはその基盤の上に立って自由な人間関係を楽しむようになる……という予測もありましたが、現実にはそうなりませんでした。たしかに、仕事の領域と家庭の領域（私的領域）は「分離」しました。しかし、だからといって人は私的領域で自由に、気軽に他人と付き合っているわけではありません。

第二章で書いたように、自由な親密性を阻害する三つの要因がありました。ひとつは経済の不調による雇用の不安定化です。先進各国の基調傾向は共働き社会化ですが、これとて男女ともに安定した雇用を持ち共働きカップルを形成しているというよりは、不安定な雇用への対応策としてカップルを形成しているといったほうが現実に近いのです。場合によっては（第四章の最初に書いたように）若者がカップルを形成できずに親元にとどまる、あるいは戻ることさえあるのでした。なんとも不自由な世界です。

さらに、第三章で見てきたように、共働きカップルを形成したとしても、片働き家庭で主婦が提供していた無償労働（家事やケアのサービス）をどうするのか、という問題がありま す。家事やケアのサービスはその特性から、工場製品のように技術の発展によってどんどん安価になるということはありません。ですので、共働き社会化が進むと、スウェーデンのように高負担のもとで公的に供給したり、アメリカのように国内外の所得格差を背景に移民労働者に頼ったりする必要が出てきます。ケアを外部に任せたとしても、全体のマネジメントをするのはやはり夫婦ですし、それが大変である場合には「家庭の職場化」が生じます。家事とケア・サービスをいかにして調達するのかは、経済の好調・不調にかかわらず、私たちが直面している問題です。私個人としては北欧社会の方向性に好感を覚えますが、性別職域分離などの独自の問題もありますし、アメリカや日本がはたして高負担路線に舵《かじ》をきることができるのか、という政治的な問題もあるでしょう。

とはいえ、これらは基本的に、「余裕のある共働き社会」の実現を阻んでいる問題です。男女ともにある程度の安定した雇用をいかにもたらしていくか、共働きにともなう家事・育児・介護の負担をいかに減らしていくか。こういった問題は、基本的に各国の政府の重要な課題であり続けています。現在の日本もそうで、「男女共同参画」は――実際の取組みがうまくいっているかどうかは別として――常に最重要政策です。

「共働き社会化」は社会の目標になるか

ただ、共働き社会、特に男女のカップルを想定した社会を推し進めることには、考慮すべき問題もあります。結論から先にいうと、私は共働き社会化は手段ではあっても社会の目標にはならないと考えています。

まず、第四章で見てきたように、共働き社会化は「高い所得の男性と高い所得の女性」の同類婚を通じて、世帯間の所得格差を広げる可能性もあります。この格差を事後的に（所得課税によって）是正することは、なかなか難しい課題です。日本では仕事と家庭の両立がまだまだ難しいこともあって、共働きが格差をもたらすという証拠はまだ見出されていませんが、将来的には取り組むべき課題になる可能性があります。

もうひとつの問題として、共働きカップルを優遇するような政策を推し進めてしまうと、本来の目標であるべき（少なくとも私はそう考えていますが）自由な親密性の実現を損ねてしまう可能性もあります。たとえば、女性が働くことを抑制しているといわれている配偶者控除制度を廃止して、かわりに「夫婦控除」を導入しようという案が政府で検討されています。

配偶者控除は、稼ぎのあるほう（たいていは男性）の課税所得を、その配偶者の年収が１０３万円以下である場合に減額する、という制度です。実際には配偶者特別控除という制度もあって、１０３万円を超えても１４１万円までは段階的に夫の課税所得が減る仕組みになっています。また、年収が１３０万円を超えると社会保険上の扶養から外れ、自分で社会保険料を支払うことになります。いずれにしろ、妻は仕事の量を調整して、一定の年収以内に稼ぎを抑えることがあります。

これに対して夫婦控除とは、夫あるいは妻の年収にかかわらず、夫婦であれば所得控除を行うという制度です。第四章の終わりで説明した分割方式に近い制度です。夫婦控除は、フランスが採用している分割方式の世帯課税と同じく、カップル形成を促す制度です。「結婚すれば税金が少なくなるよ」ということですね。したがって夫婦控除は、特定のかたちの親密性を優遇する制度であり、ライフスタイルに中立なものではありません。それにもかかわらず政府が夫婦候補を検討している背景には、なんといっても少子高齢化があります。配偶者控除制度もカップル形成を促しますが、女性にも働いてもらわないと税収増が見込めませんから、「共働き」を促す制度に転換しようとしているわけですね。

現在の日本でこういった制度を導入すると、単身世帯、事実婚、シングル親世帯、同性カップルなどの「非標準的」な生き方をないがしろにしてしまう可能性があります。たしかにフランス、アメリカ、スウェーデンなど出生力を回復させた国を見ると、いずれも共働き社会が進んでいます。しかし、明確にカップル形成を促しているのはこのうちだとフランスだけですし、フランスとてＰＡＣＳ（連帯市民協約）という制度によって同棲・同性カップルに税の優遇を与え、多様性に対する配慮をしています。日本では同性婚の制度化は本格的に議論されている段階ではありませんし、事実婚（同棲）カップルも法的な措置の対象外で、たいていの場合には単なる「単身者の集まり」として扱われるのみです。

少子高齢化は「自由な親密性のための経済的基盤」を失わせる

少子高齢化が深刻な問題であることは、たしかに多くの人が共有している考えだと思います。「人口が減ること」自体が問題だというよりは、急激な少子化がもたらす人口構成の歪み、それに付随する都市圏への人口集中と地域の衰退などが問題です。

日本は狭い土地に多くの人がひしめき合って暮らしてきたのだから、人口が減るといろいろ解決される問題もあるだろう、と多少楽観的に考える人もいるかもしれません。しかし「高齢者に比べて少ない働き手でどうやって高齢者を支えるのか」という少子高齢化の問題はあくまで人口構成上の問題であって、全体の人口の大小の問題ではありません。それに、これから大都市圏で高齢化が進みますが、それに対応してケア・ワーカー（女性）が大都市圏に移住すれば、地方はさらに急激な人口減少に悩まされることになります。

少子高齢化は、様々な点で国全体の経済的余裕を失わせます。問題は、そうすると自由な親密性のための経済的基盤も失われる、ということです。財政は高齢者向けの支出を増やさなければなりませんから、政府は現役世代で困っている人を気前よく助けてくれなくなるでしょう。人々は政府ではなく身近な人、特に家族をセイフティ・ネットとして重視するようになるでしょう。こうなると、情緒的に満足を得られなくなった夫婦関係から人々が自由に離脱することもできなくなります。同棲だと不安定なので、結婚を志向する人も増えるかもしれません。シングルで生きていきたい人、シングルのまま子どもを育てたい人、こういった人々も、自己防衛の手段として家族を作る必要性が出てくるでしょう。

家族がリスクになる社会

他方で、山田昌弘も指摘するように、このような動きにおいて実は家族はますます「リスク」となるということを忘れてはなりません。[*1] もう少しつっこんでいえば、家族をセイフティ・ネットとせざるをえないような社会とは、同時に家族がリスクになる社会でもあります。なぜでしょうか。

第四章の第二節で、アメリカにおける「家庭の職場化」という現象についてお話しました。共働きカップルが、家庭と仕事の両立をマネジメントするなかで、家族生活がもはや単純に安らぎをもたらすものではなくなりつつある、ということです。それでも彼らが家族を形成するのは、情緒面でも経済面でも、長期的に頼りになるのは——会社でも友人でもなく——やはり家族しかない、と考えているからでしょう。家事、育児、ナニーの雇用管理といった仕事のような作業をこなしてでも、自分の生活を究極のところで支えるであろう家族をメンテする必要があるわけです。

たしかに仕事は長期的に安定するとは限らないため、そこに全面的に依存することはリスクの高い選択です。しかし他方で、家族も長期的に安定して頼りになるとは限りません。この場合、「うまく立ち回らないと不安定になる、場合によっては関係が終わる」という点では、仕事も家族も同じです。「思い通りにならない」という点でも似ています。病気になって思うように働くことができなくなったとき、家族関係がうまくいっていれば家族からのサポートが得られるでしょう。しかし、病気になって頼りにならなくなった人から、家族が離れていく可能性だってあります。アメリカのような自己責任社会においては、家族も仕事も、それなりに体力と精神力を使って、体とこころの健康を維持しつつ、しっかりとマネジメントしていく必要があるわけです。

現在の日本社会も多かれ少なかれ、仕事と家族の両方をマネジメントするような社会になりつつあるといえます。これは特に女性にとってはそうです。男性にとっては仕事上の挫折は他でもない仕事の領域で生じるのかもしれませんが、女性にとっては家庭生活が仕事の挫

＊1　山田（2001）参照。

折の原因になります。家族マネジメントがうまくいかなければ、女性は結婚・出産、あるいは介護を機に仕事上のキャリアを大きく変更しなければならないかもしれません。

そしてこのまま共働き社会化が本格的に進めば、今度は夫と妻は「共同経営者」として、仕事と家庭の運営を行うことになります。夫にとっての仕事、妻にとっての仕事、夫婦にとっての家庭、この三つの部門がすべてうまくいくように調整する必要があるのです。しかし、どれもうまくいかず、いずれかが犠牲になることも多いでしょう。

「家族主義からの離脱」を

こうして、仕事が家庭のリスクになり、家庭が仕事のリスクになり、このどちらもが人生のリスクになります。まさに不自由な親密性の世界です。

リスクを軽減するためには、仕事（民間経済）の領域でも家族の領域でもなく、第三の領域、すなわち政府あるいは非営利組織の領域がそれらをバックアップする必要があります。NPOなどの非営利組織、しばしば「市民社会」、最近では「新しい公共」といわれたりしますが、この領域の特徴は、参加者の自発性にあります。ということは、分厚い非営利活動が存在するためには、仕事と家庭であっぷあっぷになっていない人々が一定数存在する必要があります。仕事も家庭も、あるいはその両者の調整でクタクタになっている人が、自発的に人々の支援をするというのはあまり考えられません。

ただ、アメリカは民間経済の余裕を寄付に回す文化があり、また非営利組織はしっかりとしたマネジメントをしており、学生（特に女子学生）の人気就職先のひとつになっています。「自分たちの問題は（政府に頼らず）自分たちで解決するのだ」というアメリカの市民社会の伝統は、一部では衰退がささやかれつつも[*2]、日本よりはずっと活発です。それでも膨大な数の貧困層を非営利組織だけで救えるわけでもなく、医療へのアクセスへの公的支援を筆頭に、改革の必要性が一部で認識されています。ギリギリの人生マネジメントをしている人たちにとってみれば、病気こそが貧困へとつながる最大のリスクだからです。

「伝統的な家族の価値観を大事に」という主張をする人たちがいますが、このような状況を踏まえれば、むしろ大切なのは「家族主義からの離脱」なのです。家族が最後のセイフティ・ネットになるような社会では、家族が失敗したときのリスクが大きくなります。ですから、安定した家族を形成できる見込みがない限り、人々は家族形成、つまり結婚を引き延ば

＊2 Putnam（2000＝2006）参照。

すでしょう。そうしないと、仕事以外に家族というリスクを人生で背負い込むことになるからです。しかし、そうこうしているうちに家族形成ができず、さらなるリスクを背負い込むことになりかねません。

家族の負担を減らすこと、つまりある意味での家族主義から脱することによって、人々は進んで家族を形成できるようになるのです。「家族を大事に」というのならば、家族から負担を減らして、家族の良いところだけを楽しめるような社会を目指すべきでしょう。逆説的ですが、そのような社会では私たちは家族という枠を超えた親密性の世界に生きているかもしれません。というのは、家族に頼らずとも生活していくことができるからです。

「家族がなくても生活できる社会」に向けて

現在の日本政府が、男女一対の共働き世帯を念頭にその形成を支援していることは、私としてはある程度「仕方ない」と感じています。というのは、歪《ゆが》んだ人口構成の問題を緩和するためには、まずはそういった「標準的」家族、つまりジェンダー家族を実現したい人が安心してそうできるようにすることが、最も現実的な手段だと考えているからです。「ワーク・ライフ・バランス」の導入は少子化対策の手段だ、と先に書いたのも、こういった意味合いにおいてです。

ただ、露骨にこういったかたちの家族のみを優遇する必要はない、とも考えています。要は、「家族を作って維持しなければ、怖いことになるぞ」という状態を緩和することなのです。

こういうと反発も多いような気もしますが、家族を気軽に作れる、つまり気軽に結婚し、気軽に子どもを作ることができる社会、そして気軽に家族を作ってしまったばかりに上手くいかなくなってしまったとしても、それほど困らない社会を目指すべきです。

「家族で失敗できないぞ」というプレッシャーがある社会では、人々は家族から逃避します。それに、これも逆説的ですが、家族を気軽に作ることができる社会のほうが、結果的には家族がうまくいくような気がします。というのも、家族以外の支援が得られ、人々が家族――それはもはや家族でなくてもよいのですが――本来の良さを楽しめるようになり、家族が壊れてしまうリスクを軽減するからです。「家族がなくても生活できる」ような社会でこそ、人々は家族を積極的に、つまりリスク緩和手段としてではなく作っていくのではないでしょうか。

本書の最初のほうで、「母・子・それをとりまく周囲からのサポート」という単位からなる社会と、それ以降の「父・母・子」の家族からなる社会を対比させたのを覚えているでしょうか。家父長制が浸透する前の日本社会はもちろん、ヨーロッパや家父長制が浸透したあとの日本においても、子どもを産む女性の身近なサポートをするのは周囲の女性でした。家長の男性は、家全体の経済的な運営の役割を担っていたのであって、その権威の影で女性たちは独自のサポート・ネットワークを構築していたのです。ボットが描いたようなイギリスのかつての労働者階級においても、女性とその子どもは周囲の人間関係に埋め込まれて、特定の男性に依存することなく生活していました。近代化以降、「家」から夫婦が切り離されていくなかで、女性は夫に依存する度合いを深めていくのです。

しかし男性に全面的に依存することのなかった前近代的な社会は、必ずしも自由で気軽な親密性の世界を実現していたわけではありません。というのは、子育てや生活を支えるコミュニティに埋め込まれていなければ、そもそも生きていくことが難しいからです。そうした緊密なネットワークは、たしかに個人を家族依存から開放してくれるのかもしれませんが、今度はそうした人間関係への埋め込まれがしがらみとなる可能性もあります。社会からのサポートは、もっと形式的で、かつ広い範囲のものである必要があるでしょう。

こういった社会に必要なのは、ある程度安定した雇用が十分に供給されていること、それを通じて豊富な公的資金が得られること、そうしてできた財政的余裕を、人々が仕事をしたり、家族を作ったり（あるいは作らなかったり）することのリスクを減らす方向に使うこと、です。北欧型の福祉国家はこれに近いですが、これまで何度か触れた性別職域分離や、排外主義といった副作用も見られます。福祉国家は国民に高負担を強いるだけに、政府に拠出した資金を自分たちの国に最初から住んでいた人たち以外、つまり移民に使うことに対して激しい抵抗が生じることがあります。

こういった副作用はありつつも、北欧型の福祉社会は、「自己責任型」の社会の方向性に対する対案として、真剣に検討するに値するものであると思います。「仕事でも家族でもマネジメントでリスクヘッジ」みたいな生き方は、ビジネスライクでかっこ良いのかもしれませんが、なんとも息がつまります。仕事でも、常に競争に駆り立てられるような環境では、逆に人は縮こまったことしかできないでしょう。失敗できないからです。病気になるとオワリですから、仕事や家族関係以外にも、自分の体のメンテナンスにも常に気を使う必要があります。だからアメリカのビジネスマンはジョギングしますし、ジムにも通うのです。もちろん健康に気を配ること自体は良いことでしょうが、人生の経営の一環としてそうせざるを得ないということです。

家族でも同じです。失敗できないから一生懸命家族生活をマネジメントすること自体は決して悪いことではないでしょう。しかし、失敗してももう一回、という環境があれば、人々は気軽に「一歩」を踏み出すのではないでしょうか。

第二節　カップル関係は変わるのか?

恋愛の「純粋な関係性」

ここまでは、自由な親密性の世界がなかなか実現していない、ということをお話ししてきました。ここからは少し目線を変えて、親密な関係それ自体の行方について論じていきます。

ここまでの議論では、人々が関係性を結ぶ際の条件について注目してきたのですが、これからはどちらかといえばその「中身」についてのお話になります。「恋愛や結婚のかたちは、これからどうなるのか、変わっていくのか」というお話です。雇用や家事、ケア労働などの、現実的な制約条件についてはあまり言及せず、「自由な恋愛・結婚」が増えていくとすれば、それは具体的にどのようなものになるのか、という話題です。

たしかに自由な親密性の世界は完全には実現していないのかもしれません。それでも私たちは恋愛という、かつての家父長制的な家族では排除されてきた関係のあり方を広げてきました。恋愛というのは、なんらかのかたちで性愛（セクシュアリティ）を含む人間関係のひとつのあり方です。私たちが典型的に思い描く恋愛関係には、次のような特徴があります。まずは「純粋性」です。純粋性とはこの場合、恋愛関係が関係それ自体から得られる情緒的な満足によってのみ取り結ばれる、ということを意味しています。つまり、現代的な恋愛関係は「純粋な関係性」なのです。[*3] このような関係が可能になったのは、雇用労働が「家」から個人を解放したからです。自立した経済力を基盤として、人々は多かれ少なかれ自由な結合をするようになりました。ただし、このことはすでに第二章でお話してきたことです。

　では、純粋な関係性とは具体的にはどういうものなのでしょうか。

　さきほど、純粋な関係性とは「関係それ自体から得られる情緒的な満足によってのみ取り結ばれる」ものだと言いました。これは、かつての「家」社会のように、なんらかの経済的あるいは政治的な理由で取り結ばれる関係ではない、ということです。簡単にいえば「好きだから好き」という直感的な理由、あるいは一緒にいて安心する、おしゃべりしていて楽しい、といった感情的な理由で維持される関係です。このような感情的な満足は、関係を持ち、

＊3　Giddens（1991＝2005）および筒井（２００８）参照。

付き合っていくこと自体から得られるものなので、「純粋」だということですね。

このような恋愛の特徴から引き出される帰結のひとつに、恋愛相手の選択が「外的」な要因から自由になりうる、ということがあります。外的な要因とは、典型的には身分や社会的地位のことです。

第四章で、「アレンジ婚の時代にあっては、通常は恋に落ちることがなければ異類婚は生じない」と書きました。それは、結婚が個人と個人ではなく、「家」と「家」とのあいだのものであったからです。江戸時代の武家で見られたように、結婚は「家」の格が見合った場合にのみ成立するものでした。現代の会社同士の提携でも、互いの利益にならないような関係はありえません。同じように、家父長制社会の結婚は「家」の社長たる家長と家長のあいだでの取引の一環だったのです。したがって、階級や家の格を横断したところで男女がとりもつ、家の利害を超越した関係は、必然的に恋愛関係だ、ということになります。

つまりは、当時からすれば恋愛というのは非常に破壊的な結合のかたちだったのです。現在の会社経営に例えれば、腹心の部下が背任するようなものでしょうか。このような理由からでしょうか、前近代的な男女関係を描いた文芸や映画作品では、恋愛関係が破滅的な（それだけに美しい）結末、たとえば駆け落ちした末に心中といった最後を迎えることがしばしばです。同じことですが、現代的な恋愛の考え方からすれば、双方の家柄や所得の格差という障害を乗り越える結婚こそが「純粋で美しい」ということになります。

破壊的な恋愛の、もうひとつの側面

さて、仮に私たちの社会が、この純粋な恋愛の原理のみで結婚をするような社会であるとしましょう。すると、結果として現れるのはどういう社会なのでしょうか。

ひとつ考えられるのは、第四章でも説明したランダム・マッチングです。何しろ、相手のバックグラウンドと関係なく、「好きだから」でくっつくわけですから。この場合、アソータティブ・メイティングによる格差の拡大を恋愛結婚が防いでくれるかもしれません。何しろ恋愛は「階層破壊的」なのです。前近代社会においても、農民層よりもエリート層においてアレンジ婚の傾向が強かったのですが[*4]、それは親が持つ資産の大きさが子どもの結婚への介入権力を大きくしていたからです。いまでも、親が資産家だと、おそらく子どもの結婚はそれだけ不自由になるという傾向があるはずです。

＊4　Flandrin（1984 = 1993）参照。

かように恋愛には、階層を横断したマッチングを促す力があると考えられています。しかし、残念ながら別のシナリオを予測することもできます。恋愛の「純粋さ」には、気をつけてみると二つの意味があることがわかります。ひとつは、「好きだから好き」という直感に依拠した究極の純粋さです。しかし、この高揚した感情によって恋愛関係が始まることはあっても、おそらく長続きしないでしょう。結局恋愛関係が続くかどうかは、もうひとつ、よりマイルドな純粋さ次第なのです。すなわち、「付き合ってみてわかったが、この人とは一緒にいて楽しい」ということです。特定の人と関係を続けること自体から得られる情緒的な満足によって関係が維持される、ということですね。

ここでみなさんは、どういった人とならば「情緒的」な満足を得ることができるでしょうか。それはたしかに、相手が持つお金や地位ではないかもしれません。社会的地位が高い、たとえば有名企業のイケイケ社員と付き合うことは、自尊心という「情緒的な満足」をもたらすかもしれませんが、このような満足はここでは「純粋さ」にカウントされません。なぜかというと、「有名企業のイケイケ社員」と付き合うことから得られる情緒的満足は、その人と付き合うなかで、そのやりとりから得られる満足ではないからです。デートや共同生活がちっとも楽しくなくても、その人の社会的地位は変わりません。「大企業の管理職の妻」

であることは、幼稚園や小学校での「ママカースト」上の地位を高めますから、たしかに精神的な幸福度は高まるでしょう。とはいっても、結婚生活自体は退屈で苦痛かもしれないのです。

しかしながら、実は恋愛の相手の社会的な地位は別の経路で「関係を持つこと自体から得られる情緒的満足」に影響している可能性があります。それは、「同じような境遇で育った人と付き合ったほうが趣味・趣向が合う」可能性があるからです。

現実問題として、お医者さん一族で育ったような人と、親族一同あまり大学には行かないという環境で育った人は、もしかすると話が合わないかもしれません。いくら最初は「好き」ということで付き合い始めたとしても、一方が文学の古典を読み、芸術的なヨーロッパ映画を見ていることが前提の世界で話をすれば、他方はそれを苦痛としか感じられないでしょう。生きる上で何が重要か、子どもをどうやって育てるか、といった基本的な価値観も異なることだってあります。そうすると、下手に異類婚をしてしまうと、「関係から得られる情緒的満足」が減ってしまうかもしれないのです。

要するに、「一緒にいて楽しい」相手は、同じような社会階層の人である可能性が高いのです。何がその人にとって「純粋」に楽しいかという感情は、その実、育った家庭環境によってかたち作られるものです。「私はあなたの地位に惹かれて結婚したんじゃなくて、あなたの性格に惹かれたの」という ある女性の気持ちは、たしかに100%正しいのだとしても、その気持ちは「性格が合う人がたまたまそういう地位に多い」ということとなんら矛盾しません。私たちの「純粋な」恋愛の規範は、性格が合わなくても、付き合うことが苦痛でも、異なった立場の人とくっつきなさい、ということを命令しません。

そういう意味では、やはり恋愛はランダム・マッチングをもたらさなかったのです。人は誰かに持続的に魅力を感じるとき、真空から生まれた「好き」という感情からそうなるわけではありません（それはそれで美しい世界だとは思いますが）。恋愛には、たしかに格差を乗り越える潜在的な力はあるのかもしれませんが、通常の「自然な」恋愛感情に人々が従っている限りは、知らず知らずのうちに人は「同類」を選ぶため、逆に巧妙なかたちで格差を維持しているのかもしれません。[*5]

「とっかえひっかえ」の恋愛

さて、恋愛や恋愛結婚についての、次のお話です。ここまでは、恋愛というもののある性質（純粋さ）が結果的に外的な地位の構造、つまり格差を維持させている可能性についてお話をしてきました。今度は、より親密性の「中身」に関わるお話です。

近代化にともなって、人々はある特定の恋愛のかたちを理想として考えるようになりました。それは、「一人の人と恋に落ちて、その人と結婚し、一生添い遂げる」という生き方です。このような恋愛のかたちを「ロマンティック・ラブ」といいます。このロマンティック・ラブの考え方に対して、若い人ならば特に、なんとも「古い」と感じることもあるでしょう。実際、いまどきそんな付き合い方をしている人なんて珍しいのかもしれません。

しかし、ここで気をつけるべきことがあります。ひとことでいえば、「恋人をとっかえひっかえしている人」でも、ロマンティック・ラブを理想とすることはありうる、ということです。どういうことでしょうか。

一昔前に比べれば、若い人はたしかにより多くの人との恋愛関係を経験しています。もちろん、明治期までの家父長制的な社会は男性の姦通（浮気）に対しては寛容でしたから、必ずしも「一生涯に一人の人」というわけではなかったのですが、不倫・浮気の関係を除けば、やはり一人の人が関係を持つ他人の数は増えているといえるでしょう。家父長制の世界とい

＊5　筒井（2014b）参照。

うのは基本的には結婚が家と家との継続的な関係となっていましたから、おいそれとは別れにくい、ということもあります。

「好きな人と付き合って、結婚して、醒《さ》めたら別れる」というのは日本の古代社会でも見られた恋愛のかたちですが、現代社会でも、個々人が自分の経済基盤を確保していれば、短い付き合いを繰り返すことは可能です。ここで、これからの恋愛では、こういったアド・ホックな付き合いが増えるのだろうか、という問いが出てきます。この問いに答えを直接出すことは難しいのですが、同棲や離婚・再婚が増加していることは、ロマンティック・ラブの終焉の傍証《ぼうしょう》になっているかもしれません。

改めて説明する必要はないかもしれませんが、同棲とは、恋愛関係にある二人が結婚しないまま共同生活を送ることです。欧米社会では結婚せずに同棲のまま過ごし、また子どもを作り育てるカップルが多くなっています。スウェーデンやフランスなどでは、生まれてくる子どもの半数、あるいはそれ以上が同棲カップルの子どもです。同棲は結婚と違ってなんらかの儀式や届け出を含まないことが多いので、関係を開始しやすく、また終了しやすいという特徴があります。

同棲の増加と離婚の増加は、少なくともアメリカでは一定程度連動しています。というのは、同棲を経験した人は、その後の結婚生活において離婚する確率が高いからです。長期的な関係にこだわらず、満足のいく相手を求めて関係を終わらせるという方針を持つ人が増えている、ということです。

しかし、です。そもそもどうして私たちは「相手を変える」のでしょうか？　また、なんのために？

おそらく、「短期的な関係が好きだから」ではありません。たいていの場合、現在の関係に不満を持つから、この関係を終わらせて、また別の関係を持ちたいと考えるのでしょう。すると、もし相性が良くて関係を終わらせる必要を感じなければ、関係が長期的なものになるはずです。この場合、その人は長期的関係を築くことができる相手を探し求めて、短い関係を繰り返しているのです。だとすれば、この人の理想はやはり「特定の相手と一生を添い遂げること」でしょう。

もちろん、特定の相手との関係が一定期間長くなると必ずイヤになる、という人もいるかも知れません。「より良い相手を探して」関係を繰り返す人と、「とにかく長い関係はダメだ」という人のどちらかが多くなっているのかは、そういったデータがないので答えられません。しかし、同棲が増えている欧米社会での動向を見ると、同棲が結婚の代わりになっていたり、あるいは同棲のあとに（関係がうまくいっていると判断されれば）結婚がやってきたりするパターンが多いので、前者のほうが一般的であるような気がします。

意外に、現在でもロマンティック・ラブの価値観は根強いのかもしれない、というのが私の見方です。ロマンティック・ラブが本格的に壊れることがあるとすれば、それは人々の親密性の中心が、カップルからカップル外での社会的ネットワークに移行するときでしょう。おそらく社会階層によっては実質的にこのような状態にある人々がいるのでしょうが、社会全体において「脱カップル化」が進んでいるという事実は見られません。むしろ共働き社会化によってカップル化が進んでいると見たほうが現状に近いと思います。

現在の先進各国の家族・雇用政策は、多かれ少なかれ「カップル」を想定したものです。最も福祉制度が発達しているといわれるスウェーデンでも、育児の少なからぬ部分は育児休業制度を通じて、すなわちカップルによって担われています。アメリカのようにナニーに子どもの世話を委託する社会でも、ナニーを含めた家族をメンテナンスするのはたいていカップル単位においてです。同性愛者の関係も、たいていはカップル単位のものです。各国が「脱カップル化」をどこまで想定するのかは、私たちがどこまでロマンティック・ラブの理想を追求しなくなるのか、ということにもかかっています。

恋愛の排他性と不貞

もうひとつ恋愛や結婚の「これから」の話をします。

「究極のロマンティックな恋愛関係」とは、どんな関係でしょうか。もちろん人によって答えは違うでしょうが、「人生で最初に恋に落ちた人と、人生のなかでその人とだけ関係を持ち、添い遂げること」はひとつのありうる答えです。恋愛婚が増え始めた昭和初期ならいざ知らず、いまとなってはこのような人は絶滅しつつあるといえるでしょう。

ただ、ここまで極端でなくても、私たちの知る恋愛というのはたいてい「一対一」のものです。もう少し詳しくいうと、誰かと付き合っているうちは、他の誰かと勝手に付き合わない、ということです。つまり、恋愛関係（結婚も）には、基本的には「排他性」という特徴があるのです。

「排他性」というと難しく聞こえますが、アメリカではある関係が「排他的」かどうかが日常生活の話題に上がることは珍しくありません。男女関係が「遊び」の段階だと、まだ排他的ではないのですが、それが排他的（exclusive）なものになった、とカップルの双方が感じたとき、その関係がより真剣なものに近づいた、ということになります。また、同時に複数の人と付き合う際にも、もしそれが不貞ではなく合意の上で行われるもの（ポリガミー、あるいはポリアモリーと呼ばれることもあります）であれば、広い意味では排他的な関係であるといえるでしょう。

ともあれ、ロマンティック・ラブは排他的なものなので、恋愛関係のみらいについて考える際には、排他的な関係は衰退するのか？　という問いが成り立ちます。もう少しいえば、「恋愛関係は排他的であるべき」という考え方が弱くなるのかどうか、という問いです。

読者の方のなかには、当然「そんな規範は緩んできているのではないか」と思う人がいるかもしれません。私も、表面的にはそうだろうと思います。しかしこの問いについても、さきほどの「関係の長さ」の話と同じく、多少気をつけるべきことがあるのです。さきほどの話では、「長期的関係を理想とする」ことは、現実のレベルで「関係を短期的に終わらせる」ことと矛盾しない、ということでした。排他性についても似たような注意が必要です。こっそり浮気をする人は、必ずしも排他的な（一対一の）関係を尊重していないわけではない、ということです。

というのは、もし排他性の規範をまったく尊重していないのなら、隠れて複数の人と同時に付き合うことをせず、堂々としているはずだからです。もちろん浮気をする本人からすれば、自分としては後ろめたい気持ちはないが、バレるといろいろ周囲が面倒なので隠れてやっているのだ、ということかもしれません。しかしそれでも、社会的に排他性の規範が通用しているからこそ、一般的に浮気は隠され、また暴露されたときには大きな問題になるのです。

有名人の不倫・浮気・不貞——これらの言葉に明確な区別はないのですが、浮気は不倫より「本気度」が低いものと考えられることが多く、また不貞は実際の関係の有り無しを指すことが多いようです——がメディアを度々賑《にぎ》わすのを見て、排他性（あるいは純潔）の規範が緩んでいるな、と感じる人もいるでしょう。

たしかに行動レベルではそう見えるわけですが、不倫・浮気がメディアを賑わせるのは、それが問題だと感じられているから、つまり排他性の規範が社会的に尊重されているからこそなのです。そういう意味では、私たちはまだまだ「恋愛は排他的なものだ」という考え方を弱めていないのです。ほんとうに弱まっていたら、不倫の記事があそこまでメディアを賑わしたり、国会議員の辞職理由になったりすることもないでしょう。「誰でも普通にやっていること」ならば、ニュース価値はないからです。

日本では不倫や浮気、あるいは排他性の規範意識についての信頼できるデータは（残念ながら？）乏しいのですが、アメリカでは調査データがあります。1990年代のある調査研究では、90％以上のアメリカ人は不貞に対して「常に」「ほぼ常に」間違っている、と回答したそうです。現在では多少変化している可能性もありますが、基本的にアメリカ人は不貞に対して否定的なのです。[*6]

不貞の理論

では、価値観ではなく実際の行動ではどうなのでしょうか？　価値観をアンケート調査で尋ねることと比べて、実際の不貞の有無を調べるのは格段に難しくなります。何しろプライバシーの深部にある情報です。それでもアメリカではいくつかの調査がなされています。かなり信用できる1990年代の調査では、調査方法や定義にもよりますが、およそ11〜16％の人が、結婚あるいは同棲中に不貞をした経験があると回答しています。[*7]

では、どういう人が不貞をしているのでしょうか？　アメリカの不貞についての社会学的研究では、不貞について主に三つの要因が検討されています。不貞に対して寛容な個人的価値観（不貞に寛容であるほど実際に不貞をする傾向がある）、不貞の機会（恋愛対象になる人との出会いや接触が多いほど不貞の可能性が高くなる）、そしてパートナーとの関係（パートナー関係に不満がある人ほど不貞をする傾向がある）です。この三つの理論は大筋においてデータによっても支持されています。

最初の理論（個人的価値観）にはあまり説明はいらないでしょう。ふたつ目（出会いの機会）もわかりやすいと思いますが、調査分析によれば、結婚、あるいは同棲の相手と自分のパーソナル・ネットワークがオーバーラップしているほど、不貞は少ないという結果が出ています。「パーソナル・ネットワークがオーバーラップ」というのはどういうことかというと、要するに共通の友人・知り合いが多い、ということです。この場合、自分の不貞相手が自分のパートナーの知人でもあることが多くなりますから、不貞の露呈確率が高まりますし、また後ろめたい気持ちも強くなるでしょうから、それだけ不貞行動が抑制されるわけです。

ただ、ネットワークと不貞の関係は、単に「見つかりやすいから不貞しない／見つかりにくいから不貞に及ぶ」ということ以上のことを示唆していると考えることもできます。

本書の最初のほうで紹介したボットの研究では、1950年代のロンドンの中流階級では夫婦がともに行動することが多く、また友人も重なっていたのに対して、労働者階級ではネットワークが重ならず、夫婦の絆も弱かったということが示されています。不貞については

＊6　Treas & Giesen（2000）参照。
＊7　Treas & Giesen（2000）参照。

調査されていませんが、予測としてはおそらく労働者階級において不貞が多かった、と考えられます。古代日本社会の通い婚でも夫婦はともに行動することがあまりありませんでしたが、現代の理論どおり、性愛関係の排他性の規範はやはり弱かったのです。パートナーとの相互依存関係が小さければ、そのあいだの情緒的絆を特別視することもなくなるわけですから、そういった人たちに排他的ではない性愛関係が多くなることは不思議でもないし、また不貞が露呈したときに大きな問題になることも少ないはずです。

三つ目の理論は、パートナーとの関係に不満がある人ほど不貞をしやすい、というものでした。逆にいえば、パートナーとの関係がうまくいっている人は、あまり不貞に走らないということです。彼ら・彼女らにとって見れば、不貞をしなくてもよいような良質な関係を求めていて、それが得られないために他の人と関係を持った、ということでしょう。したがって、排他的関係を基本的には支持しているのかもしれません。

ところで日本では、（女性の）不義・姦通が罰せられるようになったのは「家」の成立と同時期だったのは第一章で見たとおりです。「父の血統を残す」ことが重視されるようになったために、特に女性の側に対して不貞の厳罰化が生じた、ということです。現在は避妊が普及していますから、不貞をするということが血統を汚すという意味で批難されることはあまりないはずです。現在の不貞は、英語の infidelity（不貞、不信心）という言葉に現れているように、「生まれてくる子どもの父が誰かわからなくなる」から批難されるというよりも、パートナーの信頼に対する裏切りであるがゆえに批難されるものになっているのです。

つまり、性的関係をパートナーとのあいだに限るということが、その人との「愛」の証《あかし》として考えられている、ということです。他の人には与えない貴重な何かをその人――あるいはごく少数の人――に〈だけ〉与えることが、その関係に大きな情緒的満足感を与えているのです。恋愛におけるこの「特別扱い」の論理については、次の節でもう少し追究してみたいと思います。

この節について、小括してみます。経済環境の変化によって、個人は徐々に「家」から解放され、恋愛関係、そしてそれを通じた結婚という「自由な親密性」の基本的なかたちを手に入れることができました。しかし、恋愛という特定のかたちの親密性を通じた個人と個人の結合は、個人の社会的地位という外在的な要素と関係なく愛しあうようなランダム・マッチングの世界を実現しませんでした。個人からすれば自発的に、自由に相手を選んでいるのでしょうが、社会全体として見たとき、恋愛は社会的地位から自由なマッチングをもたらしたわけではなかったのです。

また、自由恋愛は「上手くいかなければ別れる」という選択肢を可能にし、関係の交代の自由を行動レベルでは高めている可能性があります。しかし、私たちの多くはいまだにどこかで「途中で交代しない、永続的な関係」を希望しているところがあるのでした。自由恋愛には、「いつか、添い遂げる相手を見つける」ためにパートナーを次々に交代しているという側面があるのです。そういう意味では、私たちは性愛関係における「奔放な自由さ」を必ずしも追求しているわけではない、ということになります。

最後に、限られたデータからの推測になりますが、私たちのうちの、少なからぬ人が不貞な関係を持っていること、しかしそのことは必ずしも排他的な関係を社会全体で認める方向に進んでいることを意味するとは限らない、ということをお話ししました。ただ、現在の特定の相手との関係を重んじない場合には不貞が生じやすく、夫婦あるいはカップルという関係を重視することと、不貞に対する忌避が関連している、ということを示唆しました。

第三節　「公平な親密性」は可能か？

いつから、家族に「感情」が集中するようになったのか

本書を丁寧に読んでくださっている人にはすでに自明だと思いますが、私たちの生活が「カップル」およびその子どもという親密性の特定のかたちにこれほど依存するようになったのは、特に近代化以降でした。女性が（雇用された）男性に経済的に依存し、男性は女性と子どもを支える責任を担うという性別分業家族のあり方は、20世紀を中心とした時代限定的なものなのです。近代化以前では、カップル関係は農家や商家では家長の男性に率いられつつも、緩やかな親類関係、地域関係のネットワークに溶け込んでいました。支配階層では、血統を維持するという目的でより強い男性支配が見られたにせよ、やはり「夫・妻・子」という単位が今日ほど際立っていたわけではありません。

このことは、「感情」についてもあてはまります。つまり、夫が妻に、妻が夫に感情的な愛着を示すようになるのは、家族が「家」から分離した近代社会においてなのです。[*8] それ以前は、夫も妻もそれぞれ、ボットがイギリス労働者階級に見たような性別ごとに分離した周

囲の人間関係に情緒的つながりを見出していたのです。

たとえば、近代以前には近親者の死は現在ほど悲しまれることはなかったようです。[*9] 何度も書いてきましたように、「家」は経済組織でもありました。現在の会社で雇用者の離職が極端に悲しまれることがないのと同じ、とまではいきませんが、優先すべきは経済だったのです。

18世紀のヨーロッパ農家では、「結婚の二、三年後に若い妻が死亡したとき、短い服喪期間が明ける間もなく、つぎの結婚がなされた。家政運営のため農家は、新しい主婦を必要としたのである」[*10]。もちろん農家の人たちは仕事ばかりしていたわけではなく、夫婦や親子といった関係にとらわれない情緒的関係を周囲と作っていました。近代化とは、感情の面では、このような周囲の人間との緩やかで開放的な――しかし共同体のなかに閉じた――つながりに拡散していた親密さの感情が、「夫・妻・子」という単位に集中するようになった時代だ、といえるでしょう。

現在の私たちの生活は、徐々に「男は仕事、女性は家庭」という分業体制を脱しつつあります。そこでは、男女ともに自立した経済基盤のもとで自由で、開放的で、流動的な親密性が展開される……というわけではありませんでした。まず１９８０年代以降経済基盤が不安定になってしまったので、アメリカのようにセイフティ・ネットとしてカップルを形成する、という方向性が生じました。しかしながら、北欧のように政府がセイフティ・ネットになっている場合でも、カップルを形成するという親密性のあり方が衰えているわけではありません。私たちの現代社会は、本章で見てきたように、カップルという単位を中心とした親密性への希求が著しく弱まっているという段階ではないようです。

それだけに、「カップルを形成してそこで子どもを作る」ということの安定した経済的条件が失われつつあることは、私たちが生きる社会にとって極めて大きな課題となっています。繰り返しになりますが、ほとんどの人が結婚してそのなかで子どもを作るという社会は、20世紀後半を中心に先進国に見られた例外的な現象です。少し乱暴にいってしまえば、高い経済成長率と大規模な戦争の欠如により、たまたま可能になっていた状態なのです。

＊8　Shorter（1975 = 1987）参照。
＊9　Stone（1977 = 1991）参照。
＊10　Mitterauer & Sieder（1977 = 1993：訳69頁）より引用。

「家族の不平等体制」の時代に?

もしかすると、20世紀後半の「家族の平等体制」の時代が終わりつつあり、もしかすると私たちは再び「家族の不平等体制」の時代に突入しつつあるのかもしれません。そしてそれは、情緒的幸福を得る機会の不平等にもつながります。というのは、親密な他者との情緒的つながりは、私たちに幸福感をもたらす極めて大きな要素だからです。[*11]

このことは、家庭でも、そして大学でも職場でも実感する人は多いと思います。いくら給与が良くて福利厚生がしっかりしている会社でも、人間関係がうまくいかないという理由で離職してしまう人はいます。そして離婚はたいていの場合、極めて大きな精神的ダメージを人に与えます。

私たちは、20世紀を通じて「夫・妻・子ども」という単位に精神的な拠り所を置く社会を作り上げました。それだけに、そこから外れてしまう人は、他者との緊密なつながりを作ることに大きな困難を抱えることになります。

「家族の外でも精神的なつながりを作ることはできるだろう」という見方もありえますが、家族外での人間関係を器用に築き上げることができる人は、結婚しようと思えばできてしまう人かもしれません。経済的、あるいはその他の条件がそろわないために、結婚しようとしてもできない人にとっては、かつてはつながりのあった周囲の友人がどんどん結婚し、彼らがその感情的なエネルギーを自分から家族に向けかえるようになるにつれ、経済格差以外の何かしらの不平等をそこに感じてしまうかもしれません。

20世紀は経済の領域において（一時的であったとはいえ）所得の平等化が進んだ時期でもありました。また、政治の領域でも、平等と公平性の理念が（これもいくぶんかは建前であったとはいえ）浸透していった時期でもありました。少なくとも欧米、そして東アジアの経済発展地域についていえば、平等や公平の価値観を掲げない政府は例外的です。これを支えている政治哲学的な立場を、「リベラリズム」といいます。一時的にでも平等化をもたらした最大の要因は経済成長でしたが、リベラリズムの理念にのっとった政治により、教育への公的投資や貧困対策がなされたことも無視できません。

では、リベラリズムは親密性の領域における不平等にどのように対処できるのでしょうか？

＊11　筒井（２００８）参照。

「私的領域における公正さ」

リベラリズムとは、生存や承認など、基本的な人権については政府が率先して保障し、また経済の領域でも不公正な取引を排除することを目指す立場です。そのかわりに、第三章でも触れたように、私的な領域、つまり友人関係や恋愛関係、そして家族関係については消極的にしか介入しない、という立場でもあります。つまり、公的な領域と私的な領域に線引きをし、公的領域では公正さを保障するが、私的領域は個々人の自由に任せる、ということです。

ですので、国は各人に政治への参加権利は確保します。しかし、家族内で決定権が父親に偏っていたり、あるいはきょうだい内でもお姉さんに偏っていたりしても、国がそこに介入してきて、「お姉さんはもっと弟や妹の意見にも耳を傾けなさい」と命令したりすることはしません。現に夫婦間の家事分担は不公平ですが、政府が積極的に調整することはありません。

結婚するかどうか、もっといってしまえば結婚できるかどうかについても、政府が積極的にそこに乗り出してきて支援をしたり、あるいは損害を補償することはありません。この章の最初の節で、「家族の負担を取り除き、家族を気軽に形成できる基盤があれば、人は家族を作るようになるだろう」ということを述べました。政府ができることは、結婚・家族生活が上手くいかなくても生活に困らない状態を用意することであって、人間関係を仲介したり、そこで生じる「不公正」を積極的に緩和したりすることはほとんどありません。

しかし、です。家族やその他の親密な仲にある人と関係を結ぶことを通じて得られる情緒的な満足は、必ずしも「公正」に分配されているとは限りません。何らかの理由で、特定の誰かからのケア、「気にかけ」を十分に得られない人は出てきます。特に社会が経済的、政治的に不平等であるときはそうです。

前近代社会においては、裕福な家庭で子どもや老人の世話をする家事使用人のなかには、自らが家族を持つことがついにかなわなかった人もいます。物語に出てくる召使いの「じいや」や「ばあや」に家族はいないのだろうか、と不思議に思った人がいるかもしれません。もちろん使用人が家族を持つこともありましたが、すべての使用人が自分の家族を持てたわけではありません。現代の移民ケア・ワーカーのなかにも、自分の子どもにかれこれ数年会えていない、という人がたくさんいます。

そして、たとえ公的領域で公正な世界が実現しても、私的領域における公正さが実現できるとは限りません。というのは、家族がある限り、人は他の人ではなく自分の家族の幸せを優先する、つまり「特別扱い」をするからです。親の所得が高い子どもは有利な人生を送りますし、親の資産がたくさんある子どもはその恩恵を（ある程度は）受けることができます。

政府は再分配制度を通じてここに介入してきますが、限界はあります。

「特別扱い」と「パーソナルさ」

実は私たちにとっての親密性の世界とは、まさに「特別扱い」の世界なのです。先に恋愛関係の排他性について論じたところで触れましたが、自分にとって貴重な何か――時間でも、お金でも、また肉体でも――を他の誰にでもなく、特定の誰かに与えるということこそが、友人、恋人、そして家族の関係に満足をもたらすのです。(親と子の)「血がつながっている」ということも、この「貴重性」の一部です。血統が大事というよりも、「血がつながっている」という貴重さ、特別さが現代の親子関係において意味を持っているのです。

この特別扱いの論理は、公的領域における公正性、あるいは効率性の原理とは相性が良くありません。仕事の世界でも政治の世界でも、特定の顧客、特定の集団を特別扱いすることは許されません。仕事の組織でも、「仲がいいから」ということで上司の覚えが良くなることはあるでしょうが、それが公式に昇進の要件になることはありません。つまり、課長と懇意だから出世することはありえますが、「課長と懇意な者が優先的に昇進する」という規則が作られることはまずないでしょう。

それは、感情がモノをいうケア・サービスについても同様です。たしかに看護師、介護ワーカー、保育士は相手の心の状態に対して配慮することが求められる職業です。しかし、この配慮はまた、公平に行うことも求められています。「パーソナルに、しかし特別扱いせず」という微妙な関係を維持する必要があります。さもないと、特別扱いされなかったクライアントの側に不平・不満がたまるでしょう。

ところで、この「パーソナルさ」は、「特別扱い」と並ぶ親密性のもうひとつの特徴でもあります。「パーソナルな対応をする」とは、その人に固有の事情を配慮する、ということです。家族関係、性格、現在置かれている境遇など、人によって多様なバックグラウンドに対応した付き合いをすることです。ケアは、ひとつにはこのパーソナルさがあるからこそ、なかなか画一的なサービス提供ができず、コストが下がらない一因になっています。

ただ、パーソナルな対応をすることと、特別な対応をすることはまったく同じ、というわけではありません。複数の相手に対してパーソナルなバックグラウンドに配慮した対応を公平に行うことは不可能ではないからです。学校の教員には、ある程度そうした労力が求められるものです。生徒一人ひとりの事情に配慮した会話や対応をしつつ、しかしえこひいきしない、というのが、「良い先生」のひとつの資質だと考えられています。

しかし、私自身教員なのでわかりますが、これはほんとうに大変です。公的な教育においては、優先されるべきはもちろん公正さ、公平さです。えこひいきして成績をつけたりすることは許されません。お気に入りの生徒にのみ手厚く指導することも望ましいとは考えられていません。しかし、公平さを優先すると、どうしても一人ひとりへのパーソナルな関わりが薄くなってしまいます。

とはいえ、個別の事情を知って、それに配慮することは、関係の満足度を飛躍的に高めるものです。だからこそ、私たちは関係を長期的に持とうとするのです。長期的に付き合えば、ある程度自然にその人のことがわかるようになるからです。前節で、人はなんだかんだで短期的関係の反復を目指すようにはなっていないのではないか、と書きました。それは、人と長期的に付き合うこと自体が、パーソナルな対応という習熟をもたらし、幸福度を高めることがあるからです。

現代的な親密性のかたち

長期的で安定した関係を持てるかどうかが、公的な人間関係と私的な人間関係の大きな違いです。長期的な関係を築くことは、公的な世界では難しいのです。たとえば、友達も恋人もいない人からすれば、よく行くお店の店員さんの笑顔対応がこころの満足をもたらすこともあるでしょう。しかし店員さんはすぐにいなくなるかもしれません。「特定のお客さんと仲良くなる」ことは、多少は店の売上に貢献するかもしれませんが、仕事の論理はそれを優先しません。配置転換においてこうした関係性が配慮されるとは限りませんし、お店がつぶれてしまえばそれまでです。

したがって「自分をよく知っている人」と長期的な関係を持ちたいのならば、やはり友人、恋人、そして配偶者だ、ということになります。しかし友人とて「食べていく」必要がありますから、仕事の都合でいついなくなるかもしれません。現代では、特に高い所得をともなう仕事については、移動するリスクがついてまわります。

そこであてにできる長期的なパーソナル関係といえば、やはりカップルになります。単純に考えると、付き合う人の数が増えれば増えるほど、誰かが仕事の都合で別の場所に移動してしまう可能性は高くなります。自分が築き上げたネットワークを自分の都合でそのまま別の場所に運んでいくことはできません。可能であるとすれば、せめて人間関係の最小単位であるカップルだ、ということになるのです。

逆に地理的に移動することがあまりない場合、たとえば地元に密着した生活スタイルを送る人の場合、カップル関係を重視する度合いが小さくなるはずです。子ども時代からずっと同じ地域で暮らしている人のほうが、都会に出て仕事をしている人よりも、友達と遊んだり飲んだりする機会は多いでしょう。これに対して移動する人は、夫婦でともに行動することが多くなるはずです。現代的な親密性のかたちとして「脱カップル化」が進むかどうかは、ひとつには移動の機会を抑制できるかどうか、地元で暮らしていけるほど地元に雇用を確保できるかどうかにかかっています。

パーソナルに知り合っているわけでもないのに、特別扱いするという関係はありえるでしょうか。仕事の領域ではこれはありません。特別扱いが避けられるからです。

一方の私的領域においては、通常はある人をパーソナルに取り扱うことと、その人を特別に扱うことは並行して進みますから、非パーソナルな特別扱いというのはめったにないものです。しかしそれだけに、よく知り合っていない人に対して（他の人にはしない）特別な扱いをすることは一種の心的な高揚感をもたらすことがあります。突然の告白、（友達段階を経ていない相手との）恋愛の初期段階、一夜限りの関係などなどが考えられるでしょう。とはいえ、こういった高揚感は、付き合いが長期化した場合、やがてパーソナルな情報をわかちあうことを通じた喜びにとってかわることになるでしょう。

ともあれ、私たちは長期的な関係を通じてパーソナルな配慮ができる相手であればこそ、継続的な特別扱いをしたくなるものです。したがって我が子に注ぐ愛情は他の家族の子どもには与えられませんし、与えられないからこそ価値がある、とされるのです。

結婚と家族のこれから

現代社会は、少なくとも先進各国の国内については、基本的にリベラリズムの世界です。前近代では、仕事でも政治でもえこひいきは当たり前だったし、特定の人間関係に基づいた利益誘導をすることも当たり前でした。それは、形式的な手続きで選ばれた政治家が政治をしていたわけではなく、それこそ特定の「家」のひとつである王家が、自分の「家」の経営の一環として国を治めていたからです。しかし私たちの住む社会は、パーソナルな関係や特別扱いの関係を、つまり親密性の原理を公的世界から排除し、私的領域にのみ許しています。私たちにとっての公的世界は、親密性の原理と相性が悪くなっているのです。

それに、仕事（経済）の世界で効率性を追求することもまた、そこから親密性を排除することにつながります。えこひいき（特別扱い）は、えこひいきされない顧客を離れさせてしまうために、えいこひいきしない会社が市場の勝者になります。パーソナルな対応を（公平に）展開することは常に商売にとっても良いことですが、コスト的に無理ですし、売手と買手の長期的関係を尊重することはしばしば経営の論理に反します。

かくして、私たちの住む現代社会は私的領域と公的領域に分かれており、この状態はしばらく続くものだと思われます。

最後にきて、やはり少し難しい話になってしまいました。しかし、これからの結婚や家族の話をするにあたって、公私分離の議論を踏まえておくことは必須なのです。親密性のみらいは、簡単に語ることができません。なぜなら、それはある程度複雑な出来事だからです。

結婚すること、家族を持つことが万人にとって簡単にできるような社会が終わりつつあるなかで、そこから得られるであろう幸せについてもまた、それを得られる人と得られない人のあいだの不平等が生じています。所得の格差と親密性の格差はある程度連動しており、それは本章の最初で述べたような恋愛関係の「純粋さ」によって乗り越えられるようなものではありません。「純粋」な恋愛を通じて、力のある男性は力のある女性と結婚し、長期的にパーソナルな関係を築き、相手を特別な存在として扱い、何者にも代えがたい幸福を手に入れるかもしれません。しかし他方では、そうした機会を剥奪された人たちもたくさん生まれるでしょう。

たしかに、政府が介入して福祉を充実させ、経済的な条件をそろえることで、親密性から得られる幸福をある程度平等化させることは可能でしょう。しかし、親密性の原理は政治の公平性原理や経済の効率性原理とはどこか相性が悪いため、幸せの公平性をとことん追求することはできません。自由な親密性の世界が行きつく先は、決して平等な世界ではないのです。

あとがき

フェミニストであり、またリベラリストの政治哲学者であるスーザン・オーキンは、次のようなことを書いていています。公的な世界、つまり政治や経済の世界では、近代化以降、「公正さ」が追求されていて、ある程度それは現代社会においては実現されるようになってきた。しかし私的世界、つまり結婚や家族の領域には及んでいない。これは、「驚くべき無視の問題」であり、「正義の不徹底」である、と。だから、公的世界での公正さを私的領域にも拡張すべきだ、というわけです。

しかし私には、「公正な結婚や家族」というものがうまく想像できませんでした。家族というのは公正さから距離のあるところにあって、人々はむしろ家族が自分を「特別扱い」することにこそ、意味を見出していると思うからです。

よくよく考えて見れば、前近代社会では、この「特別扱い」の論理が社会全域を覆っていたのです。自分がどの「家」に生まれるかで、運命が決まっていました。国の政治でさえ、王家という「家」の私的経営の一環だったのです。

近代化にともない、社会全域に広がったこの「私的」世界のなかに、公正さの論理が部分的に広がっていきます。いわば、私的世界は徐々に「公正さの侵食」を受けることになるのです。ひとつのきっかけは、効率性を重視して特別扱いを排除する市場経済の発達、もうひとつは、公正さをそれ自体の理想として掲げる近代的政府の成立でした。効率性と公正性は矛盾することもありますが、効率性には差別を排除する力があったのも事実です。また、公的な政府は、生まれによって不当なライフ・チャンスの格差が生じることがないように、教育や扶助、医療サービスを提供するようになります。

こうした動きが先進国で始まって200年ほどが経ちますが、しかしそれでも「特別扱い」の論理は少なくとも二つの領域でしっかりと残っています。ひとつは国際社会の領域、もうひとつは結婚や家族の領域です。

国際社会の領域は、私的世界とよく似ています。子どもは、家族内では平等に育てられるかもしれませんが、親から、他の家族の子どもが受けられない恩恵を受けることによって他の家族の子どもよりも有利になることがあります。こうして、ある家族と他の家族とのあいだで格差が生じます。日本国民は、国内ではある程度平等に処遇されるかもしれませんが、日本政府から、他の国では受けられない恩恵を受けることができます。こうして、ある国で生まれた人と他の国で生まれた人のあいだにも格差が生じます。

もちろん、この二つの領域は完全に放置されているわけではありません。貧しい家族に生まれ落ちることで極端に不利になるようなことがあれば、近代国家の政府であれば多かれ少なかれ支援をするでしょう。貧しい国で飢餓が起これば、国際社会は最小限の援助を行うこともあります。しかしたいていの場合、支援・援助は不十分です。一定以上の難民の受け入れを拒否する先進国の方針には、公正さと特別扱いの論理の衝突が、わかりやすいかたちで露呈しています。

やっかいなのは、「家族愛」「愛国」という感情は、多かれ少なかれ「特別扱い」によって生じるということです。そしてそれは、差別に結びつくこともあります。誰かを愛して誰かを愛さないということは、特に理由もなく愛する誰かを特別に扱い、愛さない人を同じように扱わないということを意味しています。このことが、人に無上の感情的幸福をもたらしますし、また、やりきれない不公平感を生じさせもします。

私的領域における「感情の不公正」は、したがって「公私の分離」は、しばらくはなくならないと思います。特別扱いの論理は、人々にとって極めて自然な感情に属すると思うからです。もともと「公私の二元論」とは、フェミニズムの論客がジェンダー差別を論じるなかで鍛えられてきた概念です。公私の二元論の批判には、リベラリズムが等閑視してきた私的領域に残される女性差別を糾弾する、という意図がありました。これに対して、私は「公私の分離」にはそれ以上の、もっと根本的な理由があると考えています。それが特別扱いの論理です。人は男性の特別扱いをやめることはできるかもしれませんが、自分の配偶者や子どもを特別扱いすることはやめられないかもしれません。

公的な世界において基本的なライフ・チャンスを公平にし、家族がなくても生存できるような社会を作りあげることができれば、感情の不公正が生存の不公正に結びつくような前近代的な状況は緩和されるでしょう。当面、私たちはここを目指すべきであって、私的領域に公正さを徹底させることは非現実的であると私は考えています。

私が「結婚」や「家族」という研究テーマに興味を持った当初は、ここに書いたような

「公私の分離」や「親密性における公正さ」の問題に取り組んでいました。その成果の一部は『親密性の社会学』（世界思想社、2008年）に掲載しましたが、そのあとは、現在の日本にとっておそらく最大の課題である少子高齢化問題に、より多くの時間を割いて研究するようになりました。その成果の一部については、『仕事と家族』（中央公論新社、2015年）として発表する機会を得ました。

2015年の9月に光文社から出版のお誘いをいただき、話をさせていただくなかで、次の本を「家族」の話にするか「仕事」の話にするかを改めて考えました。結果的に「家族」でいくことにさせてもらったのですが、はからずも本書のなかでは、まさにこの「仕事」と「家族」の境界線の話題がたくさん盛り込まれることになりました。

かつては家族の領域こそ仕事の場であったのが、やがて家族と仕事が分離し、そしていまこの二つの境界線は再びあいまいになりつつあります。あるいは、少なくとも私たちはその境界線をめぐる分岐点に立っています。この大きな流れを描いてみたいというのが本書の趣旨のひとつです。

光文社の小松現さんには企画段階から関わっていただき、構成や見出し、文章表現など全般にわたって助けていただきました。私の力不足により「できるだけわかりやすく」という目的をどこまで達成できたかはわかりませんが、読者のみなさまには何かしら思うところを拾っていただくことができるのではないか、と信じています。

２０１６年４月

筒井淳也

付記

East Asian Social Survey (EASS) is based on Chinese General Social Survey (CGSS), Japanese General Social Surveys (JGSS), Korean General Social Survey (KGSS), and Taiwan Social Change Survey (TSCS), and distributed by the EASSDA.

日本版 General Social Surveys（JGSS）は、大阪商業大学 JGSS 研究センター（文部科学大臣認定日本版総合的社会調査共同研究拠点）が、東京大学社会科学研究所の協力を受けて実施している研究プロジェクトである。

Sennett, R., 1970, *Families Against the City: Middle Class Homes of Industrial Chicago, 1872-1890*, Cambridge, MA: Harvard University Press.

Shin, K.-Y. & J. Kong, 2015, "Women's Work and Family Income Inequality in South Korea," *Development and Society*, 44(1): 55-76.

Shorter, E., 1975, *The Making of the Modern Family*, New York: Basic Books.（= 1987, 田中俊宏・岩橋誠一・見崎恵子・作道潤訳『近代家族の形成』昭和堂 .）

Stone, L., 1977, *The Family, Sex and Marriage in England 1500-1800*, New York: Harper & Row.（= 1991, 北本正章訳『家族・性・結婚の社会史：1500-1800 年のイギリス』勁草書房 .）

Treas, J. & D. Giesen, 2000, "Sexual Infidelity among Married and Cohabiting Americans," *Journal of Marriage and Family*, 62(1): 48-60.

Tsutsui, J., 2013, "The Transitional Phase of Mate Selection in East Asian Countries," *International Sociology*, 28(3): 257-76.

筒井淳也, 2008,『親密性の社会学：縮小する家族のゆくえ』世界思想社.

———, 2014a,「女性の労働参加と性別分業：持続する「稼ぎ手」モデル」『日本労働研究雑誌』648: 70-83.

———, 2014b,「親密性と夫婦関係のゆくえ」『社会学評論』64(4): 572-88.

———, 2015,『仕事と家族：日本はなぜ働きづらく、産みにくいのか』中公新書.

筒井淳也・竹内麻貴 , 2016,「家事分担研究の課題：公平の視点から効果の視点へ」『季刊家計経済研究』109: 13-25.

山田昌弘, 2001,『家族というリスク』勁草書房.

———, 2007,『少子社会日本：もうひとつの格差のゆくえ』岩波新書.

Mitterauer, M. & R. Sieder, 1977, *Vom Patriarchat zur Partnerschaft: Zum Strukturwandel der Familie*, Munchen: Beck'schen Verlagsbuchhandlung.（= 1993, 若尾祐司・若尾典子訳『ヨーロッパ家族社会史』名古屋大学出版会 .）

野沢慎司（編・監訳）, 2006,『リーディングス ネットワーク論：家族・コミュニティ・社会関係資本』勁草書房.

落合恵美子 , 1984,「出産の社会史における二つの近代：家族変動論のひとつの試み」『ソシオロゴス』8: 78-94.

———, 2004,『21 世紀家族へ：家族の戦後体制の見かた・超えかた（第 3 版）』有斐閣.

———, 2014,「近代世界の転換と家族変動の論理」『社会学評論』64(4): 533-52.

Okin, S. M., 1989, *Justice, Gender, and the Family*, Basic Books.（= 2013, 山根純佳・内藤準・久保田裕之訳『正義・ジェンダー・家族』岩波書店 .）

大森和子 , 1981,「家事労働に関する調査研究」大森和子・好本照子・阿部和子・伊藤セツ・天野寛子共著『家事労働』光生館 , 234-74.

Piketty, T. & E. Saez, 2006, "The Evolution of Top Incomes: A Historical and International Perspective," *American Economic Review*, 96(2): 200-5.

Putnam, R. D., 2000, *Bowling Alone: The Collapse and Revival of American Community*, New York: Simon & Schuster.（= 2006, 柴内康文訳『孤独なボウリング : 米国コミュニティの崩壊と再生』柏書房 .）

坂爪真吾, 2015,『はじめての不倫学：「社会問題」として考える』光文社新書.

Schwartz, C. R., 2010, "Earnings Inequality and the Changing Association between Spouses' Earnings," *American Journal of Sociology*, 115(5): 1524-57.

Segalen, M., 1980, *Mari et femme dans la société paysanne*, Flammarion.（= 1983, 片岡幸彦訳『妻と夫の社会史』新評論 .）

関口裕子, 2002,「日本の婚姻」義江明子編『婚姻と家族・親族』吉川弘文館 , 22-62.

関口裕子・服藤早苗・長島淳子・早川紀代・浅野富美枝 , 2000,『家族と結婚の歴史』森話社.

速水融, 1983,「江戸時代の歴史民勢学から」二宮宏之・樺山紘一・福井憲彦編『家の歴史社会学』新評論, 271-87.

姫岡とし子, 2008,『ヨーロッパの家族史』山川出版社.

———, 2014,「工業化と労働のジェンダー化」三成美保・姫岡とし子・小浜正子編『ジェンダーから見た世界史』大月書店, 174-5.

Hjnal, J., 1965, "European Marriage Patterns in Perspetive," D. V. Glass & D. E. C. Eversley eds., *Population in History: Essays in Historical Demography, General and Great Britain*,London: Edward Arnold, 101-43.

Hochschild, A. R., 1997, *The Time Bind: When Work Becomes Home and Home Becomes Work*,New York: Metropolitan Books.（= 2012, 坂口緑・中野聡子・両角道代訳『タイム・バインド：働く母親のワークライフバランス』明石書店.）

———, 2000, "Global Care Chains and Emotional Surplus Value," W. Hutton & A. Giddens eds., *On The Edge: Living with Global Capitalism*, London: Jonathan Cape, 130-46.

伊集院葉子・栗山圭子・長島淳子・石崎昇子・浅野富美枝著, 2011,『歴史のなかの結婚と家族』森話社.

乾順子, 2014,「既婚女性からみた夫婦の家事分担：家事分担の平等化過程における規定構造の変化」『ソシオロジ』59(2): 39-56.

柏木博, 1999,『日用品の文化誌』岩波現代文庫.

———, 2015,『家事の政治学』岩波書店.

エヴァ・フェダー・キテイ・岡野八代・牟田和恵, 2011,『ケアの倫理からはじめる正義論：支えあう平等』白澤社.

久留島典子, 2002,「婚姻と女性の財産権」義江明子編『婚姻と家族・親族』吉川弘文館, 199-234.

Lasch, C., 1977, *Haven in a Heartless World : The Family Besieged,* New York: Basic Books.

Lopez, M. H., J. Passel, & M. Rohal, 2015, *Modern Immigration Wave Brings 59 Million to U.S.,* Pew Research Center.

McCall, L. & C. Percheski, 2010, "Income Inequality: New Trends and Research Directions," *Annual Review of Sociology,* 36: 329-47.

参考文献

Anderson, M., 1980, *Approaches to the History of the Western Family 1500-1914,* Cambridge: Cambridge University Press.（= 1988, 北本正章訳『家族の構造・機能・感情：家族史研究の新展開』海鳴社 .）

Blood, R. O., 1967, *Love Match and Arranged Marriage: A Tokyo-Detroit Comparison,* NewYork: Free Press.（= 1978, 田村健二監訳『現代の結婚：日米の比較』培風館 .）

Blossfeld, H.-P., 2009, "Educational Assortative Marriage in Comparative Perspective," *Annual Review of Sociology,* 35(1): 513-30.

Bott, E., 1955, "Urban Families: Conjugal Roles and Social Networks," *Human Relations,* 8:345-84.

———, 1971, *Family and Social Network: Roles, Norms and External Relationships in Ordinary Urban Families (2nd edition),* Free Press.

Duffy, M., 2011, *Making Care Count: A Century of Gender, Race, and Paid Care Work,* New Brunswick: Rutgers University Press.

Flandrin, J.-L., 1984, *Familles : parenté, maison, sexualité dans l'ancienne société,* Paris: Éditions du Seuil.（= 1993, 森田伸子・小林亜子訳『フランスの家族 : アンシャン・レジーム下の親族・家・性』勁草書房 .）

不破麻紀子・筒井淳也 , 2010,「家事分担に対する不公平感の国際比較分析」『家族社会学研究』22(1): 52-63.

Giddens, A., 1991, *Modernity and Self-Identity: Self and Society in the Late Modern Age,* Cambridge: Polity Press.（= 2005, 秋吉美都・安藤太郎・筒井淳也訳『モダニティと自己アイデンティティ：後期近代における自己と社会』ハーベスト社 .）

Habermas, J., 1990, *Strukturwandel der Öffentlichkeit: Untersuchungen zu einer Kategorie der Bürgerlichen Gesellshcaft,* Frankfurt am Mein: Suhrkamp Verlag.（= 1994, 細谷貞雄・山田正行訳『公共性の構造転換：市民社会の一カテゴリーについての探求』未來社 .）

濱口桂一郎 , 2015,『働く女子の運命』文春新書.

服藤早苗 , 1991,『平安朝の母と子：貴族と庶民の家族生活史』中公新書.

筒井淳也（つついじゅんや）

1970年福岡県生まれ。一橋大学社会学部卒業。同大学大学院社会学研究科博士後期課程満期退学。博士（社会学）。現在、立命館大学産業社会学部教授。専門は家族社会学・計量社会学。著書に『制度と再帰性の社会学』（ハーベスト社）、『親密性の社会学』（世界思想社）、『仕事と家族』（中公新書）などがある。

結婚《けっこん》と家族《かぞく》のこれから　共働《ともばたら》き社会《しゃかい》の限界《げんかい》

2016年6月20日初版1刷発行
2024年8月25日　　7刷発行

著　者 ── 筒井淳也
発行者 ── 三宅貴久
装　幀 ── アラン・チャン
印刷所 ── 近代美術
製本所 ── 国宝社
発行所 ── 株式会社光文社
東京都文京区音羽1-16-6（〒112-8011）
https://www.kobunsha.com/
電　話 ── 編集部03（5395）8289　書籍販売部03（5395）8116
制作部03（5395）8125
メール ── sinsyo@kobunsha.com

ISBN 978-4-334-03927-1

817
広島カープ　最強のベストナイン
二宮清純

名うてのカープウォッチャーがOB・現役の中からベストナインを決定。投手は先発3人、中継ぎ・抑えを各1人、さらに監督も加え、計14人の超個性派たちの熱き言葉をレポート！

978-4-334-03920-2

818
「がん」では死なない「がん患者」
栄養障害が寿命を縮める

東口髙志

病院で栄養不良がつくられ、がん患者の大半が感染症で亡くなっている――。栄養軽視の医療に警鐘を鳴らし、がんを抱えてでも、本来の寿命まで生き切るためのヒントを教える。

978-4-334-03921-9

819
人間を磨く
人間関係が好転する「こころの技法」

田坂広志

なぜ、欠点の多い人間が好かれるのか？　なぜ、「嫌いな人」を好きになれるのか？　今すぐ実践できる「7つの技法」が、あなたの人間関係と人生を良きものへと導く。

978-4-334-03922-6

820
本物の教育
偏差値30からの京大現役合格

林純次　阪本凌也

コミュ障で、いじめられ、中学受験も失敗。そんな自分（阪本）が高校で先生（林）に出会い、京大に進んだ、学びの物語――。ベストセラー『残念な教員』の著者による、新たな教育論。

978-4-334-03923-3

821
語彙力を鍛える
量と質を高めるトレーニング

石黒圭

語彙力のある人とは、言葉の数が多いだけでなく、適切な語を選択する力がある人。脳内の辞書を豊かにし、使用可能な語を増やし、それを効果的に表現に活用する22のメソッドを伝授。

978-4-334-03924-0

光文社新書

822

勝率2割の仕事論

ヒットは「臆病」から生まれる

岡康道

「2勝8敗で構わない」をモットーに業界をリードしてきたクリエイティブチームの代表が、「人の心に残る」ことにひたすらこだわり続けて導いた〝異端〟の勝負哲学を大公開！

978-4-334-03925-7

823

残念な政治家を選ばない技術

「選挙リテラシー」入門

松田馨

「選挙」の現場を仕切り、候補者を勝利へと導く選挙のプロが、選挙の基礎知識を解説するとともに選挙のこれからを展望。政治に期待するための「選挙リテラシー」を身に付ける。

978-4-334-03926-4

824

結婚と家族のこれから

共働き社会の限界

筒井淳也

私たちは、いつから「夫・妻・子」のかたちにこれほど依存するようになったのか。結婚すること、家族を持つことが万人に難しい時代、社会学の視点で岐路に立つ現代社会を分析。

978-4-334-03927-1

825

グーグルマップの社会学

ググられる地図の正体

松岡慧祐

「見たいものしか見ない」地図――グーグルマップで、わたしたちの社会は広がったのか？　世界や社会は、よく見えるようになったのか？　新進気鋭の社会学者による、新しい地図論！

978-4-334-03928-8

826

恋愛障害

どうして「普通」に愛されないのか？

トイアンナ

「いつも短期間の恋愛ばかり」「モラハラや束縛を受けやすい」「自分にはいい恋愛なんて一生できないかもしれない」と悩むあなたの人生を変える、自尊心回復のための画期的エクササイズ。

978-4-334-03929-5